Conserver la couverture

N° 23079

J. SEVRETTE

CABOURG
ET SES ENVIRONS
DIVES, BEUZEVAL-HOULGATE, VILLERS, LE HOMME
OUISTREHAM

*AVEC GRAVURES ET DESSINS ET EAUX-FORTES
PAR L'AUTEUR*

PARIS
LIBRAIRIE HACHETTE ET Cie
79, BOULEVARD SAINT-GERMAIN, 79

1882

CABOURG

ET SES ENVIRONS

Il a été tiré sur papier du Japon 100 *exemplaires numérotés*

6319. — Imprimerie A. Lahure, rue de Fleurus, 9, à Paris.

J. SÉVRETTE

CABOURG

ET SES ENVIRONS

DIVES, BEUZEVAL-HOULGATE, VILLERS, LE HOMME
OUISTREHAM

OUVRAGE ILLUSTRÉ DE 60 DESSINS ET EAUX-FORTES

PAR L'AUTEUR

ET AUGMENTÉ D'UNE CARTE

PARIS
LIBRAIRIE HACHETTE ET Cie
79, BOULEVARD SAINT-GERMAIN, 79

1882

Droits de propriété et de traduction réservés

Falaises de Houlgate.

PRÉFACE

Ce n'est pas un simple guide de promenades que nous présentons au public. Des itinéraires précis et détaillés sont indispensables dans un ouvrage de ce genre, et ils ne font pas défaut au nôtre ; mais, à notre avis, ils ne satisfont pas à toutes les exigences. Le touriste curieux qui vient passer quinze jours au bord de la mer, le père de famille qui s'installe avec ses enfants dans une station balnéaire pour tout le temps des vacances, aiment à être bien renseignés sur le passé et le présent du pays, sur ses productions, ses ressources, ses curiosités, en un mot sur tout ce qui frappe leurs regards et leurs oreilles. Ils ne sont pas fâchés de trouver des réponses toutes prêtes aux questions qu'ils peuvent se poser à eux-mêmes, ou aux pourquoi de leur entourage. C'est à ceux-là surtout que cet ouvrage s'adresse.

Pour mieux graver dans leur mémoire le souvenir des lieux intéressants, nous avons ajouté au texte de nombreux dessins qui reproduisent avec exactitude les édifices les plus remarquables et les paysages les plus pittoresques.

Avant d'entrer en matière, nous nous empressons de remercier tous ceux qui nous ont rendu la besogne plus facile en nous aidant de leurs renseignements ou de leurs croquis, et en particulier M. A. de Coynart, qui nous a fourni d'excellentes notes sur Houlgate et ses environs et a bien voulu se charger du dessin de notre Carte; M. Morière, le savant doyen de la Faculté des sciences de Caen, dont les notices sur les falaises de Houlgate et sur la flore de notre littoral seront très appréciées ; M. Félix Martin, le sculpteur, à qui nous devons les croquis de plusieurs de nos dessins.

C'est grâce à cet obligeant concours que nous avons pu mener à bien une tâche qui n'était pas sans difficulté. Nous serons bien récompensé de nos peines si nous sommes parvenu à fixer dans l'esprit du lecteur les impressions qu'il emportera de notre cher pays d'Auge.

CABOURG

ET SES ENVIRONS

LE CALVADOS

Le littoral du Calvados depuis Port-en-Bessin jusqu'à l'embouchure de la Touques.

Des cinq départements compris dans l'ancienne province de Normandie, le Calvados n'est pas le moins intéressant à étudier ni le moins agréable à parcourir. Il avait autrefois reçu le nom d'*Orne inférieure*, moins original peut-être que le nom actuel, mais d'une valeur géographique plus appropriée. Le nom de Calvados lui est venu de *Calvador*, qui, d'après les anciennes cartes anglaises, serait le nom de l'un des écueils de la côte sur lequel se brisa le *Salvador*, un des vaisseaux de la Grande Armada, en 1588. D'autres pensent que les Espagnols naufragés auraient appelé ces rochers *los Calvados*, les chauves, les pelés. Si les traditions qui circulent parmi les habitants du pays ont quelque fondement, ces rochers n'auraient pas toujours été chauves. Il y avait, dit-on, sur cet emplacement uni comme un plancher, un bourg important que la mer aurait ruiné et détruit. Des pêcheurs auraient remarqué, au reflux des grandes marées, sur le rocher même, d'anciennes constructions, des tracés de rues, etc. Un fait plus positif, c'est que la mer rejette sur le rivage des fragments de bois noir et dur arrachés à des forêts sous-marines, et qu'il existe encore, parmi les rochers, des vestiges de troncs d'arbres avec leurs racines.

Ces écueils à fleur d'eau sont situés entre l'embouchure de l'Orne et Port-en-Bessin, sur une étendue de vingt kilomètres. Ils ont joué jusqu'ici un rôle important dans la transformation lente, mais persistante, que subit notre littoral, depuis l'embouchure de l'Orne jusqu'à l'estuaire de la Seine. Tandis que du Hâvre à Dieppe les eaux de la mer, aidées par les pluies, les gelées et les autres intempéries, ont arraché à la falaise plus de 1400 mètres de terrain depuis l'an 1100, soit deux mètres par an, elles déposent sur nos côtes une masse énorme de sable qui en modifie insensiblement la configuration. A chaque marée, les vagues fouettent violemment les rochers, en détachent des fragments qu'elles triturent et broient sans cesse avec les coquillages de ses rives, et en font ce sable fin et léger qui tapisse nos plages. Lorsque la mer se retire bien loin, le soleil dessèche ce sable que le vent emporte et parsème sur les dunes. C'est ainsi que la plage de Deauville s'est étendue peu à peu, que celles du Homme et de Cabourg se sont formées, et que nos rivières se sont ensablées. On évalue à des centaines de mille tonnes les débris que la mer distribue de la sorte sur nos rivages.

Si l'on compare la carte de la Gaule romaine avec celle de la France actuelle, on suivra facilement les progrès de ces ensablements successifs. La pointe de Cabourg n'existait pas. La mer baignait la falaise jusqu'à Dives. L'embouchure de la rivière était beaucoup moins resserrée et formait une vaste baie. Le lit de la Dives était plus large jusqu'à une certaine distance dans l'intérieur des terres. C'est donc un espace de plusieurs kilomètres que la mer a abandonné.

Plusieurs villages, qui se trouvent aujourd'hui à une assez grande distance de la mer, étaient autrefois baignés par ses flots. L'examen du terrain d'une part et d'anciens documents historiques de l'autre indiquent que Varaville, par exemple, qui est aujourd'hui à plus de trois kilomètres du rivage, était situé sur la baie même que formait la Dives. Il y a encore des traces de dunes près de cette localité; on y trouve des vestiges de fort ou de batterie; il y eut même là à une certaine époque, des salines importantes. En 1113, Henri Ier, roi d'Angleterre, concéda par une charte dix salines de Varaville (*ad Vuaravillam decem salinæ*) à l'abbaye de Saint-Évroul, dans l'Orne.

La situation maritime de Varaville est prouvée d'une façon plus évidente encore par les actes dans lesquels il est fait mention de ses *dics* (en anglais *dikes*). Ces dics étaient des travaux exécutés pour protéger le rivage contre l'action des flots, ou pour conquérir sur la mer des terrains considérables. Au commencement du douzième siècle, Guillaume, comte d'Évreux, donna à l'abbaye de Troarn la moitié de la dîme des *dics* qu'on venait de faire, et qu'on allait continuer à Varaville pour soustraire du terrain à la mer. Il est encore question des *dics* de Varaville et des environs (Robehomme, entre autres) dans une charte de Henri, évêque de Bayeux, au quatorzième siècle.

Un historien du dix-septième siècle, Gabriel du Moulin, dit, en parlant des deux petites rivières l'Ante et la Vie : « Ces rivières, unies à la Dives, se perdent en la mer, non loin de Varaville. »

Suivant l'abbé Delarue, dont les essais historiques sont assez estimés, Varaville avait un commerce maritime étendu au moyen âge.

Robehomme, qui est à une lieue et demie de la mer, était une île au milieu de la baie de la Dives. Dans le cartulaire de Troarn, il est question de cette île, *insulam quæ dicitur Reimberhome*.

Il est fort probable aussi que Bavent était tout

près de la mer, et s'ouvrait même sur la baie de la Dives, comme le ferait supposer ce passage de Wace[1], parlant du lieu de débarquement du roi de Danemark Harald, en 945 :

Suz Waraville vint. . . . .
La u Dives entre en mer, asez pres de Bavent.

Vers l'extrémité ouest du Homme, au contraire, la mer n'avançait pas aussi loin. Peut-être y avait-il là une pointe de terre qui fermait la baie de ce côté.

Quoi qu'il en soit de ces anciennes limites, les plages qui font aujourd'hui la richesse et l'ornement de cette partie du Calvados occupent une position conquise sur la mer, qui ne semble pas disposée à rentrer dans ses anciennes possessions.

De Cabourg, le point central que nous avons choisi pour notre description, on aperçoit distinctement toute la côte, qui forme un vaste demi-cercle dont la ligne d'horizon figure la corde. A gauche, la baie semble terminée par le petit port de Courseulles, dont les feux sont souvent visibles le soir, puis vient Bernières avec sa belle tour; Saint-Aubin; Langrune, qui dresse au-dessus de l'horizon son élégant clocher. En face de ces deux dernières localités, s'étendent les Essarts de Langrune, plateau rocheux qui découvre à marée basse. Après Luc, qui vient

---

[1]. Robert Wace, trouvère normand du douzième siècle, que nous citerons plus d'une fois dans cet ouvrage, a écrit, sous le titre de Roman de Rou (Rollon), une intéressante chronique des ducs de Normandie en 17000 vers.

ensuite et où finit la chaîne des rochers du Calvados, Lion nous est signalé par sa haute tour. Enfin Ouistreham, à l'embouchure de l'Orne, nous présente sa tour carrée. Plus rapproché du centre se trouve le Homme avec ses villas disséminées sur la crête des dunes.

A droite de Cabourg s'allonge la Pointe, formée au siècle dernier par l'amoncellement des sables et qui aboutit à l'embouchure de la Dives. Là commence la chaîne des falaises qui s'abaissent et s'entr'ouvrent à Beuzeval pour faire place au vallon où s'est construit Houlgate. Elles se redressent ensuite et s'élèvent jusqu'à une hauteur de 120 mètres, puis déclinent en pente rapide à Villers. La côte devient alors plus accidentée. Elle se hausse de nouveau au mont Canisy dont le point culminant atteint 110 mètres d'altitude, et au pied duquel est situé Bénerville, pour s'abaisser avant d'arriver à Deauville. La Touque a son embouchure en cet endroit. Sur sa rive droite, s'étend Trouville, adossé aux flancs de la colline, dont la ligne de feu illumine, le soir, tout ce côté de l'horizon. Au delà de Trouville, la colline se prolonge, indistincte et brumeuse, jusqu'à perte de vue. Enfin le Hâvre vient clore la baie du côté droit avec la falaise hardie du cap La Hève sur laquelle apparaissent les lignes blanches de ses deux phares, qui, la nuit, percent l'obscurité de leurs feux étincelants.

Le Pays d'Auge.

On donne le nom de Pays d'Auge (et non de vallée d'Auge, comme on l'appelle souvent à tort) à toute la région qui s'étend entre les deux rivières la Touque et la Dives ; c'est la plus riche et la plus verdoyante partie du Calvados. Son nom lui vient du bas-latin *Algia*, mot qui désigne des lieux bas, par conséquent humides et paludéens.

Le pays d'Auge a été de tout temps le pays des verts herbages, d'autant plus frais que le sol est plus saturé d'humidité. « Les gras pâturages du pays d'Auge doivent être aussi anciens que le monde, » dit M. Desjardins dans sa Géographie de la Gaule. Bien qu'il n'en soit pas question dans les historiens latins, qui ne signalent aucune ruine romaine à l'embouchure de la Dives ou sur ses bords, on sait que les bœufs de cette belle région étaient déjà renommés au temps des Romains. Quant aux Gaulois, s'ils les connaissaient, ils n'en faisaient pas une bien grande consommation ; ils leur préféraient le porc, dont la viande faisait leur principale nourriture. Le cidre était aussi peu recherché par ces buveurs de bière.

Au moyen âge et dans les siècles suivants, les produits du pays d'Auge furent mieux appréciés.

« Les herbages y sont si fertiles, dit Gabriel du Moulin dans son *Histoire de la Normandie*, que trois fois par an on les peuple de bœufs qui s'y engraissent, et c'est une merveille de voir le grand nombre qu'on en tire pour la provision de Rouen et de Paris. Les vaches y rendent tant de lait que, l'été, la livre de bourre n'y vaut que deux sols (Que les temps sont changés, hélas !) et la douzaine de feurmages cinq.... Les mareses sont couverts d'oies et de canars, privez et sauvages... Il y a si grande quantité de pommiers qu'un homme y fait quelquefois deux ou trois cents tonneaux de cidre, si agréables au goût qu'ils réparent aisément le défaut de vin. »

« Le pays d'Auge qui boit le cidre mousseux[1]. » disait déjà Guillaume le Breton au treizième siècle.

Le cidre était connu d'une notable partie de la France, mais à ces époques reculées il était d'une qualité très inférieure et par conséquent d'un usage très restreint. Raoul Tortaire, un poète du onzième siècle, rapporte qu'on lui en présenta à Bayeux, mais il se crut empoisonné quand il approcha la coupe de ses lèvres :

« Pourquoi m'as-tu servi du poison, valet[2] ? »

D'après Julien de Paulmier, écrivain du seizième siècle, c'était la bière qui était la boisson favorite de presque toute la population : « Il pourrait sembler que le sidre n'estait anciennement si commun en Normandie qu'il est de présent, d'autant qu'il ne se trouve monastère, ne chasteau, ne maison antique, ou il n'y ait vestiges manifestes et apparentes ruines de brasseries de bière, qu'on y souloit faire

[1] Sicerœque tumentis Algia potatrix.
[2] Cur propinasti, serve, venena mihi?

pour la provision ordinaire ; et il n'y a pas cinquante ans que la bière estait le boire commun du peuple comme est de présent le sidre. »

Dans une pièce de vers latins qu'un auteur du douzième siècle, Baudri de Bourgueil, adresse à Guillaume de Lisieux, et où il est question des boissons du pays, il n'est même pas fait mention du cidre[1] :

« On me demandera quelle est la boisson des habitants. Leur principale boisson n'est qu'une décoction d'avoine.... Guillaume m'a dit que Lisieux ne connaît point le vin, et que pour préparer sa boisson, elle fait infuser de l'avoine dans de l'eau chaude. Le ferment de ce grain se communique à la liqueur, et la stérile avoine fait vider de larges coupes. »

C'était sous le nom de *cervoise* que la bière était connue à cette époque. L'ancien nom d'une des rues de Caen, la rue de la Cervoisière, vient sans doute de ce que de nombreuses brasseries s'y étaient établies.

Est-il vrai que c'étaient les Normands eux-mêmes qui avaient introduit en Neustrie l'usage du cidre ? qu'ils l'auraient emprunté aux habitants de la Biscaye, qui à leur tour en devaient la connais-

[1] Si verò quæras quo gaudeat incola potu,
Potu plus gaudet quem cocta propinat avena....
Ipse mihi dixit Lisoïs quia nescia vini.
Coctas potat aquas, et aquis immiscet avenas;
Fœcundat calices fœcundum tempus avenæ,
Et pateras spissas sterilis desiccat avena....

sance aux peuplades du nord de l'Afrique ? C'est ce qu'il n'est guère possible d'établir avec quelque certitude. Un fait qui semble plus probable, c'est que le cidre aurait commencé à l'emporter sur la bière vers le quatorzième siècle.

Déjà au treizième siècle, l'abondance des pommiers était si grande dans le pays d'Auge que Guillaume le Breton, qui accompagna Philippe-Auguste dans sa conquête de la Normandie, en 1204, se sert de cette comparaison, en parlant des guerriers tombés dans une bataille[1] :

« Moins nombreuses en automne sont les pommes qui rougissent le pays d'Auge, et d'où la Neustrie exprime le cidre qu'elle chérit. »

Peut-être même le climat du Calvados était-il plus favorable aux pommiers qu'il ne l'est aujourd'hui, car il y a lieu de supposer qu'il était plus chaud. On récoltait les pommes plus tôt. En 1467, on commença à les piler le 12 septembre.

La vigne réussissait aussi en Normandie. Au douzième siècle, les vendanges étaient une affaire très importante dans nos contrées. La vigne y était cultivée en bien des endroits ; le vin était-il d'excellente qualité ? Il serait audacieux de l'affirmer :

« Mais Bacchus est bien loin de régner en ces lieux,[2] » dit Raoul Tortaire, que nous avons déjà cité.

---

[1] Non tot in Autumni rubet Algia tempore pomis
Unde liquare solet siceram sibi Neustria gratam.

[2] Sed Bacchus minime dominatur in hâc regione.

Bien que le terrain argileux sur lequel coule la Dives convienne peu à la vigne, les vignobles normands avaient une certaine réputation au onzième et au douzième siècles ; mais la culture de la vigne resta concentrée dans quelques cantons, sur les bords de la Dives entre autres. Guillaume le Conquérant donna à Saint Étienne de Caen une vigne à Bavent avec la maison du vigneron. Vers 1100, il y avait des vignes à Saint-Samson et à Croissanville. Henri II d'Angleterre confirma aux religieux de Sainte-Barbe des vignes à Mézidon. Il y avait des vignes à Saint-Pierre-sur-Dives, en 1305. Les vignobles d'Airan étaient bien connus ; ceux d'Argences jouissaient d'une renommée encore plus grande. Au treizième et au quatorzième siècles, on faisait du vin à Troarn, à Saint-Pair, à Joinville, à Bures. Une localité du canton de Mézidon, Cesny-aux-Vignes, doit son nom aux vignobles plantés autrefois sur ses côteaux.

On trouve peu de renseignements sur l'ancienne manière de vivre de nos paysans. Au moyen âge, ils se nourrissaient principalement d'œufs et de poisson salé, tel que le hareng et la *baleine* ou autres gros cétacés.

Le cidre, les bestiaux, les animaux de basse-cour ne sont pas la plus grande source de richesse des herbagers normands. Les pâturages du pays d'Auge se prêtent admirablement aussi à l'élève du cheval : « L'humidité du climat, la fertilité du sol, aidée par l'industrie du cultivateur, favorisent singulièrement la végétation des fourrages. Les jeunes chevaux qui s'en nourrissent prennent de belles et vigoureuses formes, et soumis à un travail modéré, ils gagnent en force sans perdre la fierté de leur port et la légèreté de leur allure[1]. »

La renommée des herbages du pays d'Auge est tellement répandue que « de toutes les régions environnantes, on y envoie des bœufs maigres qui s'y engraissent très vite. Seulement les beaux herbages sont d'un prix trop élevé pour qu'on puisse les employer à la nourriture du bétail ordinaire ; ils servent principalement à l'entretien des bœufs de choix, de race indigène ou Augeronne, et de vaches laitières pour la production du fromage et surtout du beurre, dont la réputation est si grande dans toute la France et en Angleterre[1]. » On pourrait ajouter que, depuis la guerre de 1870, les Allemands apprécient également beaucoup ces produits de nos contrées.

Nous n'avons pas plus de renseignements sur le costume des populations rurales de la Normandie que sur leur manière de vivre. Nous savons seulement que leur façon de s'habiller différait peu, dans les campagnes, de l'usage actuel. Les hommes portaient la longue blouse, et les femmes le tablier et le bonnet de coton, que les unes et les autres tenaient de leurs ancêtres gaulois. En France comme en Angleterre, cette particularité de la coiffure a

---

[1] Elisée Reclus.

souvent fait donner à la Normandie le surnom de *Pays des bonnets de coton.*

Dans les villes, les costumes des femmes étaient très riches. Les bonnets surtout, de forme élevée, étaient surchargés des dentelles les plus fines, et la toilette des jours de fête des petites bourgeoises n'était pas moins coûteuse que celles de nos grandes dames.

Plus d'un écrivain s'est senti inspiré par l'aspect de cette belle vallée, et a su exprimer son admiration dans un style élégant et coloré. Voici la description qu'en a faite Alexis Monteil dans son *Histoire des Français des divers États aux cinq derniers siècles :*

« Nous approchons enfin de cette belle vallée d'Auge qui s'ouvre à nous. Ah! représentez-vous, au milieu du cristal des rivières, un large tapis vert, de trente ou quarante lieues carrées. Représentez-vous ce beau tapis divisé en vastes compartiments par des haies entremêlées de merisiers. Voyez-le, tout planté de pommiers en fleur; voyez ici des groupes de maisons construites en blanc torchis, couvertes d'un chaume vermeil proprement taillé, offrant toutes des portes et des fenêtres encadrées de briques rouges. Voyez ces nombreux troupeaux de vaches qui portent tant de seaux de lait dans leurs mamelles. Ces fermes recouvrent des laiteries souterraines où se manipulent ces rouges fromages de Livarot, ces pains de trente, quarante, cinquante livres de ce délicieux beurre d'Isigny qui fond en approchant de la bouche. Voyez plus loin, à l'extrémité de ces grands herbages, de longs hangars où se retirent, la nuit, de nombreux troupeaux de jeunes chevaux, de jeunes bœufs, vivant dans la liberté, l'abondance de la nature. Voyez-vous en même temps ces joyeux essaims de jeunes bergers, de jeunes nourrisseurs, de fraîches laitières, de fraîches fromagères, sous l'administration patriarcale de ces bons fermiers herbagers qui donnent leurs ordres au milieu des chants de la joie, au milieu de la richesse générale? Car là des ruisseaux de lait font couler des ruisseaux d'or, que viennent grossir la vente de forts chevaux et d'énormes bœufs.... »

Le passé du pays d'Auge.

La partie de la Normandie que nous habitons paraît avoir été occupée à l'origine par les *Galls* ou *Celtes*.

Au treizième siècle avant l'ère chrétienne, les *Kimris*, venus des bords de la mer Noire (alors le Pont-Euxin), envahirent le nord de la Gaule, et une partie d'entre eux, se mêlant aux habitants primitifs, forma la race des *Gallo-Kimris* qui s'étendit sur nos régions.

A l'époque de la conquête romaine, notre contrée appartenait à la Gaule celtique. Elle fit partie dès lors de la Seconde Lyonnaise, dont la métropole était Rouen. Ce fut Sabinus, un des lieutenants de César, qui la soumit. La population qui y était établic portait le nom de *Lexovii*, et avait pour capitale Neomagus ou Noviomagus, qui s'appela plus tard Lisieux. C'était alors une ville très importante.

La grande route du commerce de la Gaule, au temps du géographe grec Strabon, comtemporain de l'empereur Auguste, aboutissait au pays des Lexoviens et à celui de Caleti (pays de Caux) pour suivre de là la direction de la Bretagne (Angleterre). Le port n'était pas sur la mer, mais sur la Seine, entre les deux peuples, car les anciens établissaient de préférence leurs ports dans des lieux abrités, et le plus souvent dans des criques ou dans les estuaires des fleuves.

Vers la fin du quatrième siècle après J.-C., des pirates danois et saxons commencèrent à apparaître sur nos côtes et s'y établirent dans plusieurs positions fortifiées. La partie du rivage qu'ils occupèrent reçut des Romains le nom de *littus saxonicum*, rivage saxon.

Au cinquième siècle, l'Armorique (aujourd'hui Bretagne) s'affranchit de la domination romaine et forma avec les habitants de la future Normandie une sorte de république fédérative.

Vers la fin du même siècle, Clovis imposa une alliance avec les Francs à toute cette contrée, qui fit dès lors partie de la Neustrie. Sous Charlemagne, qui divisa la Gaule en *Pagi*, la région prit le nom de *Pagus algieusis*, le Pays d'Auge.

Après la sanglante défaite des Saxons en 803, Charlemagne se fit livrer dix mille prisonniers avec leurs femmes et leurs enfants, et les dispersa dans les différentes parties de la France. Un certain nombre d'entre eux se fixèrent dans la Neustrie, et principalement dans les environs de Bayeux. Parmi ceux-ci se trouvait Witikind, le fils de ce vaillant chef qui avait si noblement défendu la liberté de son pays. On lui assigna des terres dans la région du Bessin.

Pendant les septième, huitième et neuvième siècles, les invasions normandes devinrent plus fréquentes et plus considérables. Dans les chroniques des neuvième et dixième siècles, on ne compte pas moins de quarante-sept de ces incursions en France. Ces peuples du Nord, auxquels la langue vulgaire a donné le nom de Normands (*Northmen*, hommes du Nord), appartenaient à ce groupe de nations scandinaves qui vivaient alors en Danemark, en Suède et en Norwège, les plus stériles des régions du Nord. L'âpreté du climat, la rigueur et la longue durée de l'hiver, l'incertitude des récoltes, la difficulté de s'assurer les moyens d'existence forçaient ces hardis aventuriers à demander aux expéditions maritimes les ressources que leur refusait un territoire ingrat. D'autre part, la liberté d'épouser plusieurs femmes, leur fécondité dans ces pays, et la loi qui donnait à l'aîné toute la succession paternelle, étaient de puissantes raisons pour ces populations de se décharger du superflu de leurs hommes faits et de les envoyer chercher fortune sur une terre plus hospitalière.

L'auteur du *Roman de Rou* nous a laissé des renseignements précis sur cet usage de renvoyer du pays les fils adultes :

> Custume fu jadis lunc tens
> En Danemarche, entre païens,
> Quand hom aveit plusurs enfanz
> E il les aveit nurriz granz,
> L'un des filz reteneit par sort,
> Ki ert sis heirs empres sa mort,
> Et cil, sur qui li sort turnout,
> En altre terre s'en alout...

« C'était autrefois l'usage en Danemark, chez les païens : quand un père de famille avait plusieurs enfants arrivés à l'âge d'homme, il retenait celui de ses fils qui devait être son héritier après sa mort, et celui que le sort désignait s'en allait en pays étranger.... »

Tous les cinq ans, il y avait une émigration d'ensemble. Ceux que le sort désignait partaient sous la conduite du chef le plus brave et allaient fonder de nouvelles colonies.

Hastings, un des plus fameux chefs normands qui ravagèrent la France de 843 à 850, avait ainsi été expulsé de sa patrie.

« Ces hommes du Nord étaient les vagabonds de l'abîme, les maraudeurs des mers. Ils se jetaient avec le courage et l'avidité du cormoran sur la proie qu'ils pouvaient saisir à la surface des vagues ou le long des côtes. A l'origine, ils n'avaient pas amené de femmes avec eux. Ils conclurent des alliances avec les Françaises et adoptèrent, avec le temps, les mœurs de la contrée qu'ils avaient soumise[1]. »

C'est une loi générale, et dont il serait facile de signaler de nombreuses applications : quand deux races étrangères sont mises en présence, la plus forte efface la plus faible, mais cette dernière ne disparaît pas sans laisser de traces. La race absorbée revit dans la race absorbante, dont elle enrichit le caractère. Si l'on veut se rendre compte des qualités particulières des peuples, c'est à leur origine qu'il est nécessaire de remonter. Que se passe-t-il de nos jours en Angleterre? Ne voyons-nous pas, comme jadis chez les Danois, les fils ou les filles des familles nombreuses, qui n'ont pas eu l'avantage d'obtenir la première place dans l'ordre des naissances, s'expatrier pour aller chercher fortune ou mari en Amérique, en Australie ou dans l'Inde? Autres temps, mêmes mœurs.

Nous verrons, un peu plus loin, en passant en revue les noms des différentes localités, comment ces peuples du Nord se partagèrent notre territoire.

Au dixième siècle, un chef normand, Rollon ou Rou, s'établit en Neustrie avec des forces considérables et obtint du roi de France, Charles le Simple, la cession de cette province par le traité de Saint-Clair-sur-Epte, en 911. Le pays reçut alors le nom de Normandie. Rollon distribua le pays conquis à

---

[1] A. Esquiros.

ses principaux guerriers, qui donnèrent leurs noms aux nouveaux fiefs.

La civilisation ne perdit rien à ce changement de maîtres en Normandie. Les aventuriers scandinaves étaient actifs, intelligents ; ils se mêlèrent aux anciens habitants, oublièrent leur férocité et ramenèrent la paix et l'ordre dans cette riche province. « Un siècle après Rollon, dit M. Dareste, la Normandie se distinguait déjà par son activité et sa prospérité sous un gouvernement énergique, auquel la tradition attribue l'honneur d'avoir établi une justice impitoyable. On vit la culture renaître, les artisans reprendre leurs métiers, les villes s'agrandir par le commerce.... Peu à peu le travail intellectuel se ranima, et les études recommencèrent à fleurir dans les monastères.... La Normandie fut une des contrées de l'Europe où la civilisation du moyen âge eut le plus de puissance et de fécondité. » Les compagnons de Rollon oublièrent si bien et si rapidement leur idiome natal que, par une singulière révolution, ce sont les Normands qui les premiers parlèrent la meilleure langue française, et c'est en Normandie que les écoles furent bientôt le plus florissantes c'est de là que partit le signal du mouvement intellectuel qui agita le douzième siècle.

Pourtant l'esprit d'aventure qui les avait poussés à s'expatrier ne les abandonna jamais ; et nous les voyons, au siècle suivant, faire la conquête de l'Angleterre, de l'Italie méridionale et de la Sicile.

sans oublier leur participation à la première Croisade.

Conquête de l'Angleterre par les Normands.

Le souvenir de la Conquête de l'Angleterre n'est pas près de s'éteindre sur nos côtes. Ici une colonne commémorative, là la liste des compagnons de Guillaume gravée dans une église (celle de Dives), plus loin le lieu de sa sépulture (à Saint-Étienne de Caen), attestent la grandeur de l'entreprise et la gloire du conquérant.

Portrait de Guillaume le Conquérant d'après une monnaie de l'époque.

Le duc de Normandie avait préparé l'expédition avec autant de promptitude que d'habileté. En quelques mois, il fit construire et équiper un nombre infini de vaisseaux de toutes dimensions. Le poète Wace prétend qu'à l'époque où il écrivait son *Roman de Rou*, on évaluait ce nombre à plus de 3000, dont 700 vaisseaux de transport pour vivres, armes et bagages. Jamais on n'avait vu une flotte aussi considérable. Le rendez-vous était à l'embouchure de la Dives. Il y avait beaucoup de navires dans cette rivière, qui pouvait alors en recevoir sur plusieurs kilomètres, mais les ports voisins en étaient également encombrés. Il est probable que les barques abritées dans la baie de Dives étaient surtout destinées à l'approvisionnement de cette armée, car dans la tapisserie de la reine Mathilde, conservée à Bayeux, on retrouve ces barils allongés, tout particuliers à nos environs, et qui servaient au transport des liquides dans un pays où, par suite du mauvais état des chemins, 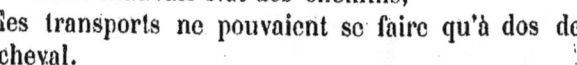 les transports ne pouvaient se faire qu'à dos de cheval.

Dans les dessins à l'aiguille de cette pièce curieuse, ces barils sont portés les uns sur les épaules des hommes, les autres sur des chariots.

Les bâtiments de la flotte étaient presque tous des barques à un seul mât avec une voile envergüée. On en avait construit sur tous les points de la côte, à Asnelles, à Arromanches, à Bernières. Odon, évêque de Bayeux et frère de Guillaume le  Bâtard, en avait fait construire quarante à Port-en-Bessin, pour les donner à son frère. Il est certain qu'il en partit un plus grand nombre de ce même port. Le port de Touques, qui était assez vaste pour que la flotte de Henri V y débarquât en 1417, devait en contenir aussi un certain nombre, et les vaisseaux étaient alors bien plus puissants qu'au temps de Guillaume. Pendant le séjour de la flotte à Dives, où le duc avait son quartier général, c'est près de Touques, à son château de Bonneville, dont les ruines subsistent encore à peu de distance de Trouville, qu'il vint tenir conseil, pour faire déclarer la duchesse Mathilde régente du duché en son absence. Il fallait que le pays fût bien riche alors pour fournir autant de vaisseaux qu'il était nécessaire à une armée de soixante mille hommes, dont plus de trente mille de cavalerie, et à deux cent mille valets, pourvoyeurs et gens de tous métiers. « Quand on songe, dit l'abbé Delarue dans ses *Essais historiques*, que le Conquérant trouva ces vaisseaux dans les ports de sa province, et que son expédition fut conçue, préparée et exécutée dans l'espace de neuf mois, on ne peut s'empêcher d'admirer, dans une marine aussi considérable pour le temps, et le génie du prince et le zèle actif de ses sujets. »

Il est vrai que le duc rencontra de toutes parts un concours dévoué et énergique. 781 vaisseaux

Sceau de Guillaume le Conquérant (¹)

(¹ Voici l'inscription en entier :
Hoc A[nglis regem s]igno fatearis eundem. Reconnaissez à ce sceau le même roi pour les Anglais (que pour les Normands).

furent construits aux frais des principaux seigneurs ecclésiastiques et laïques du duché. En outre, « tous les princes et seigneurs de l'Occident, à qui le désir de signaler leur renom pointillait le cœur, y vinrent sans requête[1]. » Il en vint une multitude par toutes les routes, de loin et de près, du nord et du midi. Il en vint du Maine et de l'Anjou, du Poitou et de la Bretagne, de la France et de la Flandre, de l'Aquitaine et de la Bourgogne, du Piémont et des bords du Rhin.

Pendant que cette superbe flotte était à l'ancre dans les ports du littoral, l'armée était campée dans la plaine, et les bons habitants des localités voisines ne s'en plaignaient pas : « Cependant tout larcin défendu à peine de la vie; les soldats, bien payés, payent leurs hostes, et les villageois vivent aussi paisibles et joyeux parmy le bruit des gens d'armes que dans le repos ordinaire de leurs petites familles. »[1]

La flotte ne resta pas moins d'un mois entier dans les ports. Le temps était mauvais, il ne fallait pas songer à prendre la mer. Enfin une brise du sud poussa les navires jusqu'à l'embouchure de la Somme, au mouillage de Saint-Valery, où le duc avait fixé son point de départ. Il y arriva le 23 septembre. Là, les mauvais temps recommencèrent, et il fallut encore attendre plusieurs jours. Le découragement commençait à se mettre dans l'armée.

---

[1] G. Du Moulin.

Guillaume fit tirer de leur châsse et promener en pompe par tout le camp les reliques de saint Valery, et la nuit suivante, une brise favorable s'éleva. Au point du jour, la flotte entière appareilla, et le 28 septembre 1066, veille de la Saint-Michel, patron de la Normandie, débarqua sur la grève de Pevensey, près de Hastings, l'armée qui devait conquérir l'Angleterre.

Ce n'est donc pas à Dives, ni à Saint-Valery-en-Caux, qu'il faut placer le point de départ de cette mémorable expédition, mais bien à Saint-Valery-sur-Somme.

Lorsque les ducs de Normandie furent devenus rois d'Angleterre, cette province ne fut plus rattachée au royaume de France que par le lien de la suzeraineté. Enfin, en 1204, elle fut réunie à la couronne par Philippe-Auguste, et partagea dès lors les destinées de la France.

Étude philologique sur les noms de lieux du Calvados.

Pour compléter cette notice historique, il est utile d'y ajouter quelques observations philologiques, afin d'indiquer, par l'examen des noms de lieux, comment notre territoire a été occupé et entre quelles nationalités il a été divisé. En Normandie, cette étude est plus intéressante que partout ailleurs, car on y trouve des terminaisons qui sont toutes particulières à cette contrée et qui ne se rencontrent sur aucun autre point de la France, comme, par exemple, les terminaisons *tot, bec, fleur, ham*, etc. A défaut d'autres documents historiques, ces noms suffiraient pour nous donner une idée assez exacte de la colonisation du pays.

Les noms de lieux qui se sont introduits dans nos régions à diverses époques ont deux origines principales : les idiomes scandinaves et le latin.

Les noms de provenance scandinave sont les plus intéressants; ce sont eux qui nous permettent de nous rendre compte du mouvement successif des populations, et nous font souvent connaître les chefs de leurs principaux clans. Beaucoup de ces terminaisons indiquent une enceinte quelconque, haies, murs ou remparts de terre. Cet usage de protéger ainsi son habitation, qui s'était répandu également en Angleterre, le pays des enclos par excellence, ne fait-il pas songer à la manière de vivre de nos voisins, si soucieux d'entourer leurs propriétés de barrières et de clôtures, et d'interdire aux intrus l'entrée de leurs foyers, de leur *home?*

1° Noms de lieux d'origine scandinave :

Putot, Plumetot, etc.

La terminaison *tot* vient du mot *toft*, qui est tout à fait danois. Il signifie un lieu d'habitation enclos; c'est l'indice d'une colonisation permanente. Les mots terminés ainsi ne se rencontrent guère que sur la lisière maritime et le long des rivières, et diminuent dans l'intérieur du continent, comme les autres mots de la même provenance.

Putot (canton de Dozulé); Plumetot (c'est-à-dire l'enclos des fleurs — canton de Douvres); Maltot (canton d'Evrecy); Hotot (l'enclos sur la hauteur — canton de Cambremer); Hottot et Sermentot (canton de Caumont); Garnetot (canton de Saint-Pierre sur Dives); Cristot (canton de Tilly sur Seulles), sont toutes localités colonisées par les Danois. Il y a en Danemark des noms de lieux à peu près semblables : Blumtofte, qui est composé des mêmes éléments que Plumetot.

Orbec, Annebecq, etc.

La terminaison *bec* (*beck* en anglais ; *bœc* en danois ; *bach* en allemand) indique la présence d'un cours d'eau. Elle est plus fréquente dans les colonies des Norwégiens que dans celles des Danois : Annebecq (canton de Saint-Sever); Clarbec et Drubec (canton de Pont-l'Evêque); Orbec (arrondissement de Lisieux) sont des localités assises sur des rivières.

Bourguébus, Tournebu, Cricquebœuf, etc.

Les terminaisons *bu*, *bus*, *bœuf*, sont dérivées des mots danois et suédois *bye* ou *by*, qui signifiaient d'abord une habitation, une simple ferme; par extension, ils prirent le sens de village et de ville : Tournebu (canton de Thury-Harcourt), Bourguébus (arrondissement de Caen), Cricquebœuf (canton de Honfleur), attestent donc une origine scandinave. Beaucoup de noms de villages, en Danemark et dans les pays colonisés par les Danois, se terminent de même. En Angleterre, cette terminaison est aussi très répandue, sous la forme *by* : Derby (la ville des daims).

On peut rattacher à la même origine le mot Bures (canton de Troarn).

Ces terminaisons, rares dans le Calvados, dominent dans la Haute-Normandie, sur le bord des eaux, la route de Normands. Elles ont été latinisées au dixième siècle en *bovium*, d'où les Français ont tiré la désinence *bœuf*.

Honfleur.

Il n'y a dans le Calvados qu'un seul mot affecté de cette terminaison. Elle vient du scandinave *fliot*, qui correspond au danois *fiord* ou *fjord*. Elle indique une baie, un golfe ou un estuaire. La ressemblance entre *fleur* et *fliot* peut sembler légère, mais elle paraît indiscutable, si l'on rapproche Honfleur de son ancienne orthographe Huneflot (estuaire de la hauteur). Harfleur, dans la Seine-Inférieure (qui s'écrivait autrefois Herosfluet), et Barfleur (Barbeflet et Barbeflot) ont une origine identique.

Le Ham, Hamars, Ouistreham.

Ham (allemand *heim* ; anglais *home*) a, en anglo-saxon, le sens de hameau ou village. Il est rare dans nos régions. Ouistreham aurait le sens de village des huîtres : Ostra-ham.

Le Homme, Robehomme.

Homme signifie presqu'île ou île, ou portion de prairie ou de marais plus ou moins complètement entourée d'eau. C'est le *holm* de l'anglo-saxon et du norois, que l'on trouve dans Stockholm. On sait qu'à une époque très éloignée Robehomme formait une île. Peut-être le Homme, qu'on écrit le Home à cause de son analogie avec le mot anglais *home*, a-t-il formé une île ou une presqu'île à l'embouchure de la Dives, comme le laisserait croire la configuration du littoral sur la carte de la Gaule romaine.

Danestal.

C'est le seul mot de ce genre qu'il y ait dans le département. On y retrouve les mots *Danes*, Danois, et *tal* ou *thal*, vallée, d'origine germanique, ou *dal*, de provenance danoise. C'est donc la vallée des Danois.

2° Noms de lieux d'origine latine :

Ranville, Trouville, etc.

Il y a plus de cent noms de localités dans le Calvados qui sont terminés en *ville*. Ils sont plus nombreux encore dans la Seine-Inférieure, sans doute parce que Rollon y fit plus de partages de terres entre ses compagnons.

Cette terminaison est le mot latin *villa*, qui est

devenu *weiler*, hameau, en allemand. *Villa* signifiait, sous les Gallo-Romains, une grande propriété particulière composée de bâtiments et de biens ruraux. Plus tard ce mot a pris le sens de domaine collectif ou village. Son augmentatif *villare* était composé de dix à douze feux ou familles.

D'ordinaire le mot qui précède cette terminaison est le nom du Northman qui habitait la terre ou possédait le hameau. Ainsi Bonneville, corruption de Borneville, était la propriété de Biærn, chef de clan scandinave. Hermanville, Hérouville appartenaient aux Harold; Tourville, Turgéville aux Thor. Touffréville vient de Torfredivilla; Amfréville de Onfarvilla; Monfréville, de Morfarvilla; Angoville, de Amgot.

Aubigny, Martigny, etc.

Les noms en *igny*, et il n'en manque pas dans le Calvados, proviennent d'un nom de personne augmenté de la terminaison latine *iacum*. Les Romains donnaient une valeur ethnique aux noms des personnes, c'est-à-dire leur faisaient désigner toute une agglomération d'individus, en remplaçant la terminaison ordinaire de ce nom par la terminaison ethnique *iacum*, dont on a fait *igny*. C'est ainsi qu'Aubigny (canton de Falaise) a été tiré d'Albiniacum, domaine appartenant à Albinus; Martigny (même canton) était la propriété de Martinus, Martiniacum; Montigny (canton d'Evrecy), celle de Montanus, Montaniacum; Perigny (canton de Condé-sur-Noireau), celle de Petrinus, Petriniacum, etc.

Le Mesnil-Mauger, etc.

Une quinzaine de noms de localités commencent ainsi. Mesnil vient du bas-latin *mansionile*, diminutif de *mansio*, habitation. C'était dans le principe un petit coin de terre sur lequel s'élevait une habitation.

Nous ne pousserons pas cette nomenclature jusqu'en ses derniers détails. Les noms que nous avons examinés sont les plus importants et suffisent pour montrer par quelles mains a successivement passé notre territoire normand. Les Romains n'y ont pas laissé beaucoup de traces. Ils se sont contentés d'y étendre leur domination en respectant l'autonomie des villes, alors riches et puissantes. Il n'existe dans nos régions aucun monument de leur époque. Ils n'y ont marqué leur passage que par des routes, comme ils l'ont fait dans le reste de la France et en Angleterre. On trouve des restes de ces routes aux environs de Villers, à quelques pieds au-dessous du sol actuel. Ces routes sont, plus que tout autre ouvrage, les véritables monuments de la grandeur romaine; elles suffisaient aux Romains pour assurer leur domination. Les peuples du Nord, au contraire, ne construisaient pas de routes, ils suivaient la voie des eaux, et s'établissaient dans le voisinage des fleuves. Le territoire qu'ils envahissaient n'étant pas défendu, ils s'en emparaient sans conteste, comme d'un pays découvert pour la première fois, et n'avaient pas à tenir compte du nom déjà affecté à chaque localité. Aussi tous ces noms sont-ils ceux qui nous aident le mieux à connaître le passé de la Normandie.

Normandie et Angleterre. — Ce que sont les Normands.

Par une coïncidence assez curieuse, non seulement les noms de lieux et les populations elles-mêmes de l'Angleterre présentent une ressemblance accentuée avec les noms et les habitants de la Normandie, mais l'aspect des sites et le climat semblent être à peu de chose près les mêmes dans les deux pays. D'où peut provenir cette similitude? La raison nous paraît en avoir été donnée par Élisée Reclus dans ce passage de sa Géographie de la France : « Il est certain que la Grande-Bretagne faisait autrefois partie de l'Europe. Cela est prouvé par la coïncidence parfaite des rivages opposés du Pas-de-Calais. Cela est aussi prouvé par la flore et la faune de la grande île Britannique, dont toutes les plantes sauvages, tous les animaux, sont des colons venus du monde voisin; pas une seule espèce n'appartient, comme production spontanée, au sol de l'antique Albion. » En effet, plus d'un touriste anglais, en parcourant notre région, croit retrouver des sites connus, et les plaines verdoyantes du pays d'Auge lui rappellent les fraîches prairies du Devonshire. « Une promenade en Normandie, dit l'historien anglais Green, nous renseigne mieux sur certaines époques de notre histoire que tous les livres du monde. Le nom de chaque hameau sur le bord de la route évoque des souvenirs pour une oreille anglaise. L'aspect même du pays et sa population nous semblent familiers. Le paysan avec sa casquette et sa blouse nous rappelle la solide charpente et les traits accentués du petit fermier anglais. »

Cette similitude extérieure, on la retrouve dans le caractère même des habitants. Ce que dit Élisée Reclus des Normands « au regard scrutateur, prudents et mesurés dans leur conduite, » pourrait tout aussi bien s'appliquer aux Anglais, et de même l'esprit d'aventure, l'énergie tenace et persévérante de nos voisins se sont conservés chez les Normands et se sont manifestés à diverses époques par de glorieuses entreprises. Au temps des Croisades, les descendants de Guillaume le Conquérant ne furent pas les moins empressés à s'enrôler dans l'armée sainte. Au quatorzième siècle, ce sont des Dieppois qui reconnurent les Canaries et découvrirent la Guinée. Au lendemain de la découverte du Nouveau-Monde, les Normands suivirent parmi les premiers la voie tracée par Christophe Colomb, et les pêcheries de Terre-Neuve connurent bientôt leurs barques légères et leurs intrépides navigateurs. Ce sont eux qui ont colonisé une partie du Canada, où, en dépit de l'occupation anglaise, leur langue et leurs usages se sont maintenus. Si de nos jours ils sont moins ardents à s'expatrier, moins désireux d'aller bien loin chercher aventures, c'est que leur riche pays leur offre d'inépuisables ressources qu'ils tenteraient vainement de trouver ailleurs, et que la Fortune, que poursuivaient leurs ancêtres scandinaves et sur terre et sur mer, vient s'asseoir paisiblement à leur foyer.

Voici le portrait que trace de ses sujets le duc Guillaume le Conquérant, à son lit de mort, dans le *Roman de Rou*, de Robert Wace.

> En Normendie a gent mult fière,
> Jo ne sai gent de tel manière;
> Chevaliers sont proz è vaillanz,
> Par totes terres cunquéranz.
> Se Normanz unt boen chevetaigne,
> Mult fait à criendre lor cumpaigne;
> Se il n'en unt de seignor crieme,
> Ki les destreigne è apriéme,
> Tost en ara malveiz servise.
> Normanz ne sunt proz sainz justise;
> Foler è plaisier lor convient,
> Se en toz temps soz piez nes tient,
> E ki bien les defolt è poigne,
> D'els porra fere sa besoigne.
> Orguillos sunt Normant è fler,
> E vantéor è bonbancier;
> Toz tems les devreit l'en plaisier,
> Kar mult sunt fort à justisier :
> Mult a à fere et à penser
> Robert ki deit tel gent garder.

« Le peuple normand est très fier, je n'en connais

point qui lui ressemble. Les chevaliers sont preux, vaillants, et étendent leurs conquêtes par tous pays. Sous un bon capitaine, les Normands sont très redoutables, mais si leur chef ne sait pas se faire craindre d'eux, s'il ne les serre et ne les opprime, il n'en obtiendra que de mauvais services. Ils ne sont braves que s'ils sont gouvernés énergiquement. Il faut les fouler et les plier. Si leur roi les tient sous sa domination et sait les conduire avec rigueur et les aiguillonner, il obtiendra d'eux tout ce qu'il pourra souhaiter. Ils sont orgueilleux et fiers, fanfarons et vaniteux. Il faut toujours les tenir sous le joug, car ils sont difficiles à gouverner. Robert, qui doit être leur duc, a beaucoup à faire et à penser. »

A quelques traits près, les Normands sont encore aujourd'hui tels qu'ils étaient il y a 800 ans.

Une qualité que l'on ne saurait refuser aux Normands, c'est la finesse et la prudence. Tous les historiens qui ont parlé de leur caractère sont unanimes sur ce point. « Les Normands sont naturellement d'un esprit subtil et doué de prudence, dit Gabriel du Moulin. Aussi à la vérité ne sont-ils pas si aisez à séduire qu'ils croyent chacun qui leur parle, et ainsi très difficilement les déçoit-on, et ne se laissent sans y penser envelopper et empiéger dans des affaires et entreprises de quelque conséquence qu'elles puissent être : que s'ils ont des ombrages et prennent quelque caprice, ils deviennent soupçonneux et s'obstinent en leurs fantaisies : de là vient que les Français les accusent d'être sçavans au possible en matière de procez, et cognoistre parfaitement tous les destours, toutes les ruses et surprises que la chiquanerie peut inventer. »

Cette finesse subtile est innée à la race même ; elle est aussi commune chez les gens du peuple que dans les classes élevées, chez le *gars* normand qui sait à peine lire, que chez l'homme de loi madré et retors qui a passé sa vie à plaider. Elle se dissimule souvent sous les apparences de la lourdeur et de la niaiserie, mais ne vous y fiez pas, sous cette niaiserie de convention, l'esprit, la finesse, la perspicacité se voilent à peine, et donnent une couleur singulièrement piquante aux traits de la malice.

Une autre qualité non moins commune chez le Normand, c'est le bon sens. La Normandie, qu'on a longtemps appelée le Pays de Sapience, est la patrie par excellence du bon sens. Cette faculté, précieuse partout, si rare ailleurs, y court les rues comme l'esprit à Paris.

Quant à ces proverbes malveillants, à ces dictons injurieux, qui présentent les Normands comme voleurs et pillards, il y a longtemps que le bon sens de la nation en a fait justice, et si l'on cite encore des dictons comme ceux-ci : « Les Normands naissent les doigts crochus », ou « En Normandie, quand un enfant vient au monde, on le jette au plafond, et s'il y reste accroché, c'est qu'il est de race », c'est par manière de taquinerie, mais personne n'y attache plus d'importance. Tout le monde sait qu'il y a autant d'honnêtes gens en Normandie que dans les autres parties de la France.

Si ces dictons ont eu leur raison d'être, c'est vraisemblablement avant l'établissement définitif des hommes du Nord sur nos côtes. Ne descendant de leurs vaisseaux que pour piller, ils allaient exercer leurs brigandages dans une grande partie de la Gaule, et les populations qu'ils avaient appauvrirs se vengeaient à la manière des faibles, en les accablant d'injures, quand ils étaient partis. Mais dès que l'occupation du territoire fut reconnue par le roi de France et que les envahisseurs, de pillards qu'ils étaient d'abord, furent devenus de paisibles et laborieux propriétaires, le vol fut partout réprimé avec énergie, et le premier duc de Normandie pendit sans pitié tous les coupables. Par malheur, les deux premières victimes furent deux habitants du pays même :

Un pauvre diable de vilain et sa femme habitaient un hameau des environs de Darnétal. Un jour, pendant que le mari était rentré au logis pour l'heure du repas, la femme alla au champ, enleva les fers de la charrue et les cacha. Le vilain, ne sachant à qui attribuer le vol, recourut à Rollon, qui eut pitié de sa détresse et lui fit distribuer cinq sols. « A merveille ! lui dit sa femme, c'est tout profit, car voilà vos fers. » Mais un crime ne peut longtemps rester secret. La vilaine fut menée devant le duc et convaincue de vol. Le mari comparut à son tour :

« Sais-tu, lui dit le duc, si ta femme s'est rendue coupable de vol depuis qu'elle est avec toi? Sais-tu si elle est coutumière d'agir avec mauvaise foi? — Oui, seigneur; je ne dois pas mentir. — Par ma foi, je t'en crois. Tu viens de prononcer toi-même ta condamnation. La même peine atteint le voleur et le complice : tu seras pendu avec ta femme. »

Rollon ne revint pas sur sa parole. Il avait trop à cœur d'effrayer ses hommes du Nord, en sévissant contre le vassal indigène.

Du patois normand.

Quelques indications sur le patois du pays d'Auge ne seront pas déplacées dans cet ouvrage. Quand on vit au milieu d'une population qui a son langage particulier, il est bon de pouvoir le comprendre. Ce n'est pas que le patois soit l'unique façon de parler de nos campagnards ; presque tous ont passé par l'école et savent se servir du français. Mais l'enseignement de l'école n'a pas détruit tout vestige de l'idiome maternel, et les paysans y tiennent plus qu'on ne saurait croire.

Parmi les mots qui composent le patois, les uns sont des mots français dont la prononciation a été altérée, et ce sont les plus nombreux ; les autres sont des mots tout à fait différents de la langue courante, ou pris dans une acception particulière.

Changement de voyelles.

1° Les sons *ai*, *et*, s'affaiblissent et se prononcent *é* : vrai, *vré*; lait, *lé*; regret, *r'gré*.

2° Eau devient *io* : beau, *bio*; eau, *yo*; peau, *pio*.

3° La terminaison *ir* des verbes de la seconde conjugaison devient *i* : ouvrir, *ouvri*; quérir, *qu'ri*.

4° Le son de l'*i* se change en *è* : épine, *épène*. Il prend quelquefois le son nasal *in*: ici, *ichin*.

5° *O* tantôt prend un son nasal, tantôt se prononce *ou* : pomme, *po(n)me*; promettre, *prouméte*.

6° *Oi* prend le son de *é* : avoir, *avé*; endroit, *andré*; boisson, *béchon*; doigt, *dé*; devoir, *d'vé*. Dans quelques mots, *oi* devient *ouée* : croix, *crouée*; noix, *nouée*.

7° *U* se prononce *eu* (u a un son semblable en anglais quand il est suivi d'une consonne dans la même syllabe) : dune, *deune*; lune, *leune*.

Changement de consonnes.

1° Le *ç* doux et l'*s* se prononcent comme *ch* : ça, *cha*,; ce, *che*, à cette heure, *a ch't'heure*; cent, *chan*; cinq, *chin*; pincette, *pinchète*.

2° *Ch* prend le son de *k* : champ, *can*; chanson, *canchon*. Quelquefois *ch* devient *g* ou *j* : cheval, *g'va*, et plus souvent *j'va*; cheveu, *g'veu*.

3° *H* est fortement aspirée, comme dans les langues du Nord, avec un léger son guttural qu'il n'est pas possible de représenter par des signes : un *horain*, un étranger.

4° *L* et *r* disparaissent à la fin des mots : mal. *ma;* mer, *mé;* malheur, *maleu;* mettre, *méte.*

5° *Ni* s'altère en *gn* : panier, *pagné.*

6° *R* se déplace et se fait entendre après ou avant la voyelle qu'il accompagne. On trouve en anglais un déplacement identique dans les mots terminés en *re* ou *le : theatre, table,* qui se prononcent comme si *r* et *l* étaient après l' *e* : abreuver, *abeurvé;* enfermer, *anfremé;* crever, *quervé.*

Dans beaucoup de mots, le son s'assourdit, sans s'altérer complètement : ouest, *ouée;* nord-est, *norée;* nord-ouest, *norouée;* sud-est, *surée.*

Souvent la prononciation s'abrège et des syllabes entières disparaissent : commencer, *c'manché;* comment, *c'mant;* encore, *co;* coq, *co;* voilà, *v'la.*

Grammaire du patois normand.

La grammaire de ce patois a ses règles particulières qui présentent une différence sensible avec celles du français. En voici les traits principaux :

1° L'article s'abrège toujours le plus possible ; c'est la voyelle qui s'efface : à la mer, *à l'mé.*

2° Les adjectifs démonstratifs s'abrègent devant une voyelle : cet arbre, *st'abre,* cette vache, *stévaque.*

C'est l'adjectif latin *iste* qui semble s'être conservé dans le patois.

Les pronoms démonstratifs celui-ci, celui-là, deviennent *chtichin* ou *stichin, chtila* ou *stila;* celle-ci, *stéchin;* celle-là, *stéla.*

3° Les adjectifs possessifs deviennent :

Mon, *m'n*; ma, *m'n*; mes, *m'z*, etc.; notre, *not*; nos, *no*, *noz*, etc.; leur, *leu*, *leuz*: Mon enfant, *m'n éfan*; mes enfants, *m'z éfan*; leurs enfants, *leuz éfan*.

4° Les pronoms personnels sont :

je ou *j'*, qui s'emploie au pluriel comme au singulier : Nous voyons bien, *j'veyon bin*; moi, *mé*; toi, *té*.

C'est moi, *ch'é mé*; nous, vous, *no*, *noz*; vo, *voz*; il, *i*; ils, *iz*; lui, *li*; elle, *é*; elles, *ez* : Elle vient, *é viin*; elles ont, *ez on*.

5° Le pronom relatif *qui* devient *qué*.

6° Le verbe *éte*, être, subit quelques altérations : *j'sis* ou *j'sîmes*, je suis; *s'some*, nous sommes; *t'ée*, tu es; *j'équion* ou *j'étaimes*, nous étions; *j'feu*, je fus; *qué j'feusse*, que je fusse; *s'sré*, je serai.

Avoir se conjugue ainsi :

T'a, tu as; *j'avon*, *j'on*, nous avons; *j'avion*, *j'aviôme* ou *j'avaimes*, nous avions; *j'éré*, j'aurai.

Les verbes de la première conjugaison font le passé défini en *is* :

J'trouvis, je trouvai, *j'trouvime*, nous trouvâmes.

L'imparfait du subjonctif en *ise*: *que j'trouvise*, que je trouvasse ; *que j'trouvime*, que nous trouvassions.

Le participe passé est en *i* : *trouvi*, trouvé.

Tandis qu'en français on évite de se servir du passé défini à la première et à la seconde personne, en patois on emploie ces formes aussi souvent que la règle l'exige, c'est-à-dire lorsque le temps est complètement passé.

Locutions particulières.

Aféve, grande quantité : *yan a eune aféve*, il y en a beaucoup.

Brié, broyé, pétri à sec; pain *brié*, pain à pâte ferme et courte, qui se pétrit avec les pieds.

Can, avec, en même temps que : *can li*, avec lui.

L'car mouin, moins le quart.

Corsu, gros de corps;

D'moiselle, petit flacon d'eau-de-vie servi avec le café.

Doué ou *douet*, du vieux français *duit* (latin *ductus*), cours d'eau, lavoir.

Espérer, avec le sens de attendre.

Gorju, qui a une grosse gorge.

Grabatére, alité, qui ne quitte pas le grabat.

Horain ou *horsin*, étranger, qui vient du *dehors*.

Itou, aussi.

Liverjin, oiseau de mer.

Marga, fou blanc, oiseau de mer.

Miéte, rien.

Mignon, doux.

Mitan, moitié.

Morte yo, marée peu forte.

Picot, picote, dindon, dinde.

Piéche, pas : *yan na piéche*, il n'y en a pas.

P'tite de mer, alouette de mer.

R'luqué, regarder attentivement.

Sa, ivre; *perdu sa*, complètement ivre.
Soulé, soulier.
Tan qu'à, quant à.
Tertou, tous.
Un p'ti vétu, *un vétu d'sée*, un porc.
Vieuche, vieille, masculin de vieux.
Vi-t-en, viens donc.
Violoneu, ménétrier.

Nous pourrions continuer cette liste de locutions, mais celles que nous venons d'indiquer suffiront à donner une idée du patois du pays d'Auge et en faciliteront l'intelligence aux *horsins*.

Portail de l'ancienne abbaye de Troârn.

CABOURG

Il est assez difficile d'établir d'une façon précise et certaine l'étymologie de Cabourg. Le nom ancien était Caborc; au moyen âge, il est devenu Cathburgus. L'étymologie qui nous paraît être la plus rationnelle est celle-ci : *Kati-burg*.

Kati est un mot d'origine noroise (scandinave) qui signifie bassin; il se retrouve dans l'anglais Caithness qui a conservé l'h, comme dans l'ancienne orthographe Cathbürgus. Primitivement ce mot avait le sens de petit vaisseau ; on le reconnaît encore dans le mot *cat*, qui en anglais désigne un petit vaisseau à poupe étroite pour le transport des charbons. *Burg*, qui est devenu bourg, est d'origine anglo-saxonne; il avait le sens d'ouvrage en terre fortifié; il a pris plus tard celui de village ou ville fortifiée.

Cabourg est un village très ancien. C'est devant Cabourg, alors situé sur le bord de la mer, que l'armée vaincue du roi de France Henri Ier, en 1058, fut repoussée jusque dans les flots, et que les malheureux soldats furent faits prisonniers ou noyés. Robert Wace raconte le désastre tout au long dans son Roman de Rou, qu'il écrivit un siècle plus tard :

> Monté fu de suz Basteborc,
> Vit Varaville è vit Caborc...

« (Le roi) était monté sur la hauteur de Bassebourg, et de là il voyait Varaville et Cabourg. »

Cabourg, en sa qualité de village ancien, a eu son domaine seigneurial, comme plus d'une localité célèbre.

Le 22 juillet 1568, le seigneur de Cabourg, Mathieu du Chastel, et son épouse Guyonne le Comte, fieffèrent aux habitants du village le territoire désigné sous le nom de *Marais*, pour une rente annuelle et perpétuelle de 40 livres tournois et une géline (poularde) blanche, mais ils se réservèrent tous les droits seigneuriaux, tels que la garenne, la pêche des poissons gras, la prise des oiseaux de passage, la récolte du varech, la construction d'un colombier et d'un moulin.

En 1583, les habitants de Cabourg achetèrent du seigneur le droit de passage sur la rivière de Dives, moyennant une rente perpétuelle de 60 francs.

En 1658, les paroissiens de Cabourg cédèrent au seigneur de Monfreulle dix ares de terre pour s'acquitter de plusieurs rentes dues par eux. A cette époque, le seigneur de Cabourg était donc aussi seigneur de Monfreulle.

En 1677, un arrêt du Conseil ordonna que le bac serait remplacé par un pont de bois. Ce pont fut exécuté, et sur l'exposé que firent au roi les habitants, ils furent exemptés de tous droits de péage, soit en allant, soit en revenant.

En 1710, le seigneur de Cabourg s'appelait Nicolas Doublet, marquis de Persan, conseiller au Parlement de Paris, et le domaine relevait de l'abbaye de Troarn. Comment le domaine de Cabourg avait-il changé de possesseur? C'est une question à laquelle il n'est pas facile de répondre, après une si longue suite d'années.

Les Doublet devaient descendre d'une famille illustre. On les voit mêlés aux grands événements de notre histoire à différentes époques. En 1096, un Pierre Doublet accompagna le duc Robert Courte-Heuse à la première croisade.

En 1717, le moulin de Cabourg, qui était situé au lieu dit le Pont-du-Moulin, fut acheté à son propriétaire, le marquis de Persan, moyennant 2,000 fr., pour être démoli. Les esseaux furent remplacés par trois portes, afin de donner un passage libre aux eaux d'un canal projeté. Ce moulin était un moulin de marée, alimenté par la Divette, qui était alors un fossé dont les eaux retenues à marée haute étaient lâchées à marée basse.

Au siècle dernier, la question des eaux était pour Cabourg une question vitale, et toutes les ressources du village étaient absorbées par les frais de réparation du pont, de travaux d'endiguement ou de canalisation. Le pont de Cabourg, construit en 1670, n'avait jamais été bien solide ; il n'y avait eu ni pilotis, ni encaissement. Il se composait de trois arches, chacune de quatre pieds d'ouverture, fermées par des portes de flot. Il était souvent dégradé par suite de l'impétuosité de la mer ou des eaux douces. En 1726, l'une des deux rives fut emportée sur une longueur de cent dix pieds. Les dégâts furent réparés l'année suivante. En 1742, de nouveaux accidents rendirent nécessaires de nouvelles réparations. Ce fut un sieur Cléret qui fut chargé des travaux après adjudication, moyennant une somme de 19,800 francs. En 1755, le pont était encore en ruines, et la mer remontait avec violence jusqu'à Varaville, et au delà de Petiville.

Dans la nuit du 10 au 11 septembre 1771, le pont subit de graves avaries ; il ne fut plus possible de le réparer. En 1775 il fut recommencé, mais on ne le finit qu'en 1780. Un garde fut chargé de veiller à sa conservation et à la manœuvre des portes et des vannes. Ses gages étaient de 150 francs par an. Un second garde, aux gages de 300 francs, avait à veiller sur tous les travaux depuis la chaussée de Robehomme. C'est ce dernier pont que représente notre dessin. En 1792, il faillit être enlevé dans une terrible inondation de la Dives, qui fit périr pour 2 millions de francs de bestiaux. Il avait déjà vu passer bien des générations lorsqu'il fut remplacé, en 1869, par le solide pont de pierre que nous voyons aujourd'hui.

Les seigneurs de Cabourg participaient libéralement à ces dépenses extraordinaires. Ils n'habitaient pas le village, mais ils y venaient chasser le lapin qui foisonnait sur leurs terres. Les lapins de Cabourg ont longtemps joui, comme ses moutons, d'une réputation aussi étendue que méritée. Mais ils étaient si nombreux et commettaient de tels dégâts que les

Ancien pont de Cabourg.

habitants durent intenter au marquis de Persan un procès qui dura de longues années. Le nom du seigneur de Cabourg était alors si impopulaire dans la localité qu'il n'osait plus y reparaître, et c'est sous le voile de l'incognito que le dernier marquis se risqua à venir visiter son ancien domaine, lors de la reconstruction du pont actuel à laquelle il devait contribuer. La résidence de la famille de Persan était une simple gentilhommière située près de la Dives. C'était une construction sans caractère, que l'on voit encore aujourd'hui au bout du village, et qui est devenue la demeure de petits cultivateurs.

Le fils de ce Nicolas Doublet qui avait été conseiller au Parlement de Paris, ministre d'État et gouverneur de la Bastille, fut Bon Guy Doublet, comte de Persan, qui devint maréchal des camps et des armées du roi. C'était un vaillant soldat; il avait été nommé chevalier de Saint-Louis à l'âge de 26 ans, pour sa belle conduite au siège de Port-Mahon, en 1756. Pendant la terreur, Bon Guy Doublet fut mis en prison à Caen avec sa femme. Il écrivit à Robespierre une lettre énergique dans laquelle il lui disait : « Rendez-moi la liberté ou donnez-moi la mort. » Robespierre lui rendit la liberté, et de plus lui fit obtenir une pension de retraite de 2,800 livres. Le comte de Persan s'appelait alors le citoyen Doublet, dit Persan, mandataire de Cabourg.

Il eut pour fils Godefroy-Charles-Antoine Doublet, comte de Persan, qui vendit le domaine de Cabourg à M. Cierlans, en 1806. Les biens acquis par ce dernier sont passés par voie d'héritage à son petit-fils, M. Jonquoy, dont les héritiers les possèdent encore. La ferme d'Osseville, située sur la route de Caen, qui en faisait partie, a été vendue il y a quelques années.

Jusqu'en 1854, Cabourg était resté un petit village de pêcheurs qui comptait à peine 300 habitants. Il était abrité des vents de mer par une chaîne accidentée de hautes dunes, que le vent grossissait toujours et sur lesquelles il ne poussait que de longues herbes marines, sèches et dures.

En 1853, par une belle soirée du mois de septembre, deux touristes arrivaient à Dives, après avoir suivi toute la côte depuis Trouville. Épuisés de fatigue, ils allaient entrer à l'Hostellerie Guillaume le Conquérant pour y passer la nuit, lorsque l'un d'eux, obsédé par une idée fixe, voulut pousser jusqu'à la plage de Cabourg. C'était un agent d'affaires de Paris, M. Durand-Morimbeau, qui cherchait une localité avantageuse pour y établir une station balnéaire ; le voyageur qui l'accompagnait était son ami, M. Collin. Cette vaste étendue de sable fin, dominée par des dunes qui formaient une terrasse naturelle, le frappa aussitôt, et il s'écria, comme le philosophe de Syracuse : « J'ai trouvé ! » Il revint enthousiasmé à l'hôtellerie, et le lendemain les deux amis allèrent explorer la plage et les environs, que, dans leur imagination, ils couvraient déjà d'une nombreuse population.

De retour à Paris, M. Durand-Morimbeau eut bientôt formé, pour l'établissement de sa colonie balnéaire, une société qui prit le nom de *Société thermale*. Indépendamment des bains de mer de Cabourg, elle se proposait d'acheter et d'exploiter une source d'eau ferrugineuse située à Brucourt, mais cette idée ne fut pas réalisée. La société thermale était une société en nom collectif à l'égard de M. Durand-Morimbeau, son directeur, et en commandite à l'égard des actionnaires présents ou à venir. Le capital social, non réalisé, était de douze millions de francs, répartis en douze séries de un million chacune. Les actions étaient de cinq cents francs chacune, au porteur.

Plusieurs célébrités du journalisme et des lettres s'associèrent à cette grande conception à laquelle l'avenir devait donner raison. Dans toute affaire de cette nature, ce sont d'abord les hommes riches d'imagination qui posent les premiers jalons; ceux qui sont riches d'argent n'apparaissent que plus tard, quand la voie est déjà tracée. Citons en première ligne le compagnon de voyage et collaborateur de M. Durand-Morimbeau, M. Collin, qui, après avoir été le secrétaire de Frédéric Soulié, était alors directeur de l'Ambigu; ces deux hommes sont les véritables créateurs de Cabourg. A côté d'eux trouvent place MM. Adolphe Adam, de l'Institut; Théophile Gautier; Edmond Thierry, directeur du Théâtre-Français; Félix Mornand; Matharel de Fiennes, propriétaire de la villa Oméga, vers la pointe; Amédée Achard; Jules de Prémaray; Eugène Guinot; Louis Huart, directeur du Charivari; Arsène Houssaye; Marc Fournier; Hostein, directeur de la Gaîté et plus tard du Châtelet; Billon, qui fit construire la fameuse villa aux quatre tourelles, connue sous le nom des Tours Billon, et aujourd'hui démolie; Dardel et Liger, propriétaires de Cabourg, etc.

La société thermale une fois constituée acheta toutes les dunes riveraines de la mer, comprises entre le Chemin des Pêcheurs et celui de la Brèche Buhot vers le Homme. Ces dunes étaient, depuis un temps immémorial, des biens communaux. En 1841, une ordonnance royale autorisa la commune à en faire le partage entre tous les habitants. Ce partage eut lieu, et chaque copartageant fut chargé envers la commune d'une redevance de deux mille francs.

Les parts, ou dunes, formaient des rectangles très allongés, dont la contenance variait entre 16000 et 18000 mètres chacun, selon la qualité du terrain. La Société thermale fit presque toutes ces acquisitions dans le courant de l'année 1854. Le prix de chaque dune s'éleva à deux, trois et quatre mille francs.

En somme, la Société thermale devenait propriétaire de tous les terrains compris entre le Chemin des Pêcheurs et le chemin de la Brèche Buhot, s'étendant en profondeur jusqu'au Chemin des Dunettes, moyennant une centaine de mille francs à peine.

Une des closes du contrat fut que les habitants seraient affranchis à perpétuité de tout droit de péage sur le pont de Cabourg, pour eux, leurs chevaux, leurs voitures, et leurs bestiaux. De plus, la Commune devait avoir trois chemins traversant les Dunes : le Chemin des Pêcheurs, l'Avenue de la Mare, et le chemin de la Brèche Buhot.

Au milieu de ces dunes accidentées, un vaste réseau de voies et avenues fut tracé, affectant la forme d'un éventail, dont le centre devait être occupé par le Casino, lieu de rendez-vous naturel de la population balnéaire. Les dunes furent au préalable nivelées dans presque toute leur étendue. Lorsque les terrassements furent terminés, la société jeta les fondations d'un casino au milieu des jardins du Grand-Hôtel actuel. Ce casino, construit dans des proportions vraiment monumentales, s'élevait à cent mètres environ de l'entrée de l'Avenue de la Mare et se trouvait, par conséquent, plus éloigné de la mer que le casino actuel. Il était planté sur le mamelon le plus élevé de la dune. Une pièce d'eau avait été ménagée dans la partie basse du terrain. Une salle de trente mètres de long sur douze de large servait à la fois aux spectacles, aux concerts et aux bals. Autour de cette salle, se succédaient des salles de billard, des salons de conversation, de lecture, et de jeux de toutes sortes.

En même temps des arbres étaient plantés le long de toutes les avenues. Les premiers qui furent plantés restèrent longtemps chétifs et rabougris, pour la plus grande hilarité des journaux satiriques. Un pépiniériste, que le hasard amena à Cabourg, conseilla de les remplacer par de nouvelles plantations de peupliers de Normandie, et d'enfoncer les plantards dans le sol jusqu'à la rencontre de la nappe d'eau. Ce qui fut fait, et les nouveaux arbres réussirent si bien qu'aujourd'hui ils sont trop nombreux et trop élevés. Le temps est donc bien éloigné où l'on représentait Cabourg comme un petit Sahara parsemé d'échalas fluets et rachitiques entre lesquels erraient de rares voyageurs.

Ces travaux coûteux eurent bientôt épuisé les ressources de la société, qui comptait dans son sein plus de sociétaires que d'actionnaires. Dès 1855, deux autres sociétés se partagèrent l'entreprise de la Société thermale.

La Société thermale apporta dans l'actif d'une nouvelle société, dite Société des bains de mer de Cabourg-Dives (Adolphe d'Ennery et Cie), tous les terrains compris entre l'avenue de l'Embarcadère, l'avenue de Caen et la mer. Le fonds social de cette nouvelle combinaison était fixé à 600,000 francs, représentés par 1,200 actions de 500 francs. Parmi les principaux sociétaires, il y avait MM. Peyser, Mourier, Lippold, Letourneau, Franconi, Panay père, Huot.

Le surplus des terrains fut vendu par la Société thermale à une autre société dite Société civile immobilière, constituée au capital social de 500,000 francs, sous la direction de M. Bareau, ancien négociant. Elle devint propriétaire de tous les terrains compris dans le bas de Cabourg jusqu'au Chemin des Dunettes. Afin d'attirer de nouveaux acquéreurs, elle accorda le droit à deux entrées au casino, gratuites et perpétuelles, aux *cent premières habitations de plaisance*, élevées sur ses terrains.

En 1861, M. Deschanges donna à la station de bains en formation un nouveau développement, en faisant construire le Grand Hôtel de la Plage actuel. Jusqu'alors les visiteurs en petit nombre de Cabourg s'étaient contentés de l'ancien casino, construit en bois, et qui était loin d'offrir le confortable qu'on aime trouver aujourd'hui dans ces établissements.

En 1867, M. Isouard, ingénieur, dont le nom devrait rester d'autant plus cher au pays qu'il a succombé à la tâche sans avoir recueilli les profits de son œuvre, se rendit acquéreur du Grand-Hôtel et de l'ancien casino qu'il fit démolir et remplacer par un casino plus vaste et plus somptueux. C'est aussi à M. Isouard qu'il faut attribuer la création du chemin de fer de la vallée d'Auge, qui devait achever le développement de Cabourg et lui donner sa prospérité actuelle. Par une cruelle dérision du sort, M. Isouard mourait pauvre, à Paris, le jour même de l'inauguration de la voie qu'il avait conçue et entreprise.

En même temps que les nouveaux colons s'évertuaient à embellir leur conquête, la nature mettait ses forces à leur service pour compléter leur œuvre. De toutes parts une végétation luxuriante couvrait le sol. A l'ombre des peupliers, l'herbe croissait dans les avenues; d'autres essences d'arbres prospéraient dans les jardins, et l'aspect de Cabourg était riant et agréable. Le nombre des maisons augmentait chaque année et l'imagination des constructeurs se donnait libre carrière.

Ce n'était pas seulement la physionomie de la dune qui changeait, mais la population qui se transformait à la fois. Les premiers acquéreurs cédaient la place à un élément plus bourgeois, et Cabourg devenait insensiblement la plage des familles nom-

Herbage à Cabourg.

breuses et le séjour favori des enfants. A côté des Parisiens, qui forment la majeure partie de la population balnéaire, se sont installés beaucoup d'étrangers. En se promenant sur la terrasse ou en s'asseyant sur la grève, on est tout surpris d'entendre parler autour de soi la langue de Don Quichotte ou de Byron. C'est que de l'Amérique du Sud ou de l'Angleterre ont émigré sur nos côtes un nombre important de baigneurs, qui viennent y passer la belle saison.

Aujourd'hui Cabourg est une véritable ville. En 1853, le chiffre de ses impositions ne dépassait pas 8,000 francs. En 1884, il a été de 41,000 francs. On y arrive aisément de Paris ou de Londres, du sud ou du nord. Une ligne de chemin de fer, en exploitation depuis plusieurs années et qui est aujourd'hui propriété de l'État, met toute cette partie de la côte en communication directe avec la grande ligne de l'Ouest, soit par Mézidon, soit par Caen. Une seconde ligne en voie d'exécution reliera bientôt Cabourg à Villers et Trouville. Elle sera ouverte jusqu'à Houlgate vers le 15 juin.

Des trains rapides permettent déjà de faire le trajet de Paris à Cabourg en cinq heures et demie. La gare est située à mi-chemin de Cabourg et de Dives, et à dix minutes de la mer.

Pour arriver au centre de la colonie, on laisse à gauche le Vieux-Cabourg; on traverse une belle avenue bordée d'arbres, l'avenue de la Mare, qui est occupée par des magasins et des hôtels : c'est le quartier du commerce. Elle a pris son nom d'une mare, qui se trouvait, il y a quelques années, à l'entrée de l'avenue, à droite. Dès l'entrée, on aperçoit la porte du Grand Hôtel, devant lequel s'étend un vaste espace découvert et sans ombrage. Un passage voûté, à droite du principal corps de bâtiment du Grand-Hôtel, donne accès sur la plage. De chaque côté de l'hôtel, s'élèvent d'élégantes villas,

Avenue de la Mare.

bâties sur le même alignement, à quatre mètres de la voie, comme l'exigent les statuts de la Société thermale, avec des murs de façade hauts d'un mètre seulement, sage mesure qui rend la vue des maisons plus agréable. La première zone est presque entièrement couverte d'habitations. Sur la seconde zone et sur les terrains de la Société civile, les vides deviennent de plus en plus rares.

La plage de Cabourg est sans contredit une des plus belles qu'il y ait en France. Elle n'a pas moins de sept kilomètres d'étendue, depuis l'extrémité de la Pointe jusqu'aux premières maisons du Homme. Elle est très unie, tapissée du sable le plus fin et festonnée de petits bancs de coquillages que la mer y apporte à marée haute.

Devant le Grand-Hôtel sont installés les cabines

Plage de Cabourg (Ouest).

de bains, des tentes-abris, et un kiosque où se fait entendre tous les jours, vers quatre heures, un excellent orchestre. Dans ces dernières années, un guignol est venu donner des représentations sur la plage, pour la plus grande joie des enfants et de leurs nourrices. Deux portiques fournissent aux jeunes gens l'occasion de développer leurs forces.

Le casino est vaste et bien distribué. A gauche,

se trouve le café avec salles de billards, galerie vitrée et terrasse devant la mer; au milieu, le théâtre, séparé des salons par une cloison mobile; à droite, cinq salles spacieuses, pour salon de conversation, cabinet de lecture, salle d'étude, cercle. Sur toute la longueur de cette aile règne une autre galerie vitrée avec terrasse ayant vue sur la mer. Enfin vient la nouvelle salle de bal qui donne sur les

Plage de Cabourg (Est).

jardins; elle n'a pas moins de 25 mètres de longueur sur 13 mètres de largeur et 7 mètres de hauteur. Toute vaste qu'elle est, cette salle suffit à peine à la nombreuse société qui y afflue tous les soirs.

A droite de l'hôtel principal, un beau bâtiment a été construit, en 1881, pour augmenter le nombre des chambres. Il y en a maintenant 200 dans tout l'établissement. Le rez-de-chaussée de cette annexe est occupé par des boutiques: librairie, pâtisserie, salon de coiffure, magasin d'antiquités, de jouets, de modes, bijouterie, rien ne manque. Faisant suite à cette nouvelle construction, vient l'établissement des bains chauds, qui appelle une transformation prochaine.

En suivant le chemin qui longe les villas élevées sur le bord de la dune, on arrive à la Pointe de

Eglise de Cabourg.

Cabourg. Cette pointe, qui constitue le mòle naturel du port de Dives, est formée d'un sable fin et léger, facilement soulevé par le vent et attaqué par les eaux. A deux reprises différentes, la dune a été assez sérieusement menacée pour donner des inquiétudes et nécessiter des mesures immédiates. En 1862, quatre épis ont été établis à cent mètres l'un de l'autre pour la protéger. Ils sont aujourd'hui presque entièrement enfouis sur la plus grande partie de leur surface. En même temps des fascines implantées dans l'étranglement de la dune garantissaient la Pointe d'un autre côté en y retenant le sable. Ces terrains, aujourd'hui recouverts d'herbe, n'ont plus rien à redouter ni de la mer ni du vent. Quelques lots ont été achetés, et le reste, propriété de l'État, pris à location par un intelligent et hardi pionnier qui y a planté sa tente, établi des chemins unis, et installé un tramway et un restaurant, en attendant qu'il mette à exécution des projets plus grandioses. C'est une station agréable pour les promeneurs qui vont traverser la rivière en bateau, ou ceux qui viennent de la rive opposée.

L'église de Cabourg est située entre le village et la colonie, tout près de la route de Caen. Elle a été bâtie en 1848, dans le goût du commencement du quinzième siècle, par M. Pelfresne, architecte de Caen. Elle est élégante, d'architecture gothique, avec une tour surmontée d'une flèche élancée, mais de dimensions trop exiguës. Il est question de l'agrandir, car elle ne peut plus suffire aux besoins de la population balnéaire.

L'ancienne église était située dans le cimetière actuel. Elle appartenait à deux époques : commencée au douzième siècle, elle avait été restaurée au quinzième. C'était un édifice sans caractère archéologique, assez grande d'ailleurs pour la commune, qui n'était alors qu'un vicariat de Dives, relevant de l'abbaye de Troarn. Il en reste quelques fragments sculptés dans le jardin du presbytère. Les pierres ont été employées dans la construction de l'église nouvelle.

Les hôtels ne manquent pas à Cabourg. Pourtant lorsque l'été est chaud et que les baigneurs s'abattent sur nos côtes, comme les canards sur un étang, la place manque. Ce n'est qu'avec de bonnes protections et des influences sérieuses qu'on parvient à se loger, si l'on n'a pas pris ses mesures à l'avance. En première ligne, il convient de citer le Grand Hôtel de la Plage, le plus vaste de tous et le mieux situé; puis l'Hôtel des Ducs de Normandie, également sur la plage; l'Hôtel du Casino, l'Hôtel du Nord, l'Hôtel du Bras d'Or, l'Hôtel de Paris,

Ancienne église de Cabourg.

dans l'avenue de la Mare. Pour les familles nombreuses qui viennent passer la saison à Cabourg, il y a avantage à louer une maison meublée.

Un marché couvert, à l'entrée de l'Avenue du Centre, offre aux ménagères toutes facilités d'approvisionnement. D'autre part, l'usine à gaz, considérablement agrandie, fournit assez de gaz pour éclairer la plage, les avenues, les maisons particulières, et même Dives, Beuzeval et Houlgate.

Un manège, bien installé et bien dirigé, donne aux amateurs la facilité de prendre des leçons d'équitation et de faire des promenades à cheval dans la campagne.

Les divertissements sont aussi nombreux que variés sur notre plage. Il y a au théâtre des représentations régulières pendant la saison ; de temps à autre, une étoile parisienne vient se faire applaudir sur notre scène. Au casino, les concerts sont organisés avec goût, et très appréciés du public. Ils alternent avec les grands bals.

Les environs sont charmants, mais pour beaucoup d'excursions, il faut traverser la rivière et prendre son point de départ à Dives.

ITINÉRAIRES DE PROMENADES.

PREMIER ITINÉRAIRE

Cabourg, sa plage, ses avenues, et le Vieux-Cabourg.

La première chose que l'on doive faire après s'être installé à Cabourg, c'est de visiter la localité même, dont on ne peut se faire une idée exacte qu'en la parcourant dans toutes ses parties. Il y a de jolies habitations, mais il faut les découvrir. Elles sont disséminées dans les avenues, et ne s'aperçoivent pas à première vue. On suivra donc les rayons du demi-cercle que forme Cabourg, à l'ombre des arbres qui les bordent. On se rendra ainsi compte du plan adopté pour ramener les habitants de la colonie au point central, où leur curiosité et leurs goûts trouvent satisfaction. On fera une station à la Grue, sur le bord de la Dives, et de là on promènera ses regards sur la côte opposée; Dives à droite, avec la tour carrée de son église, sa coquette mairie, ses vieilles maisons, se détachant sur le rideau vert de la montagne; et les falaises de la côte couronnées de chalets qui semblent tout près de l'abîme; Beuzeval et Houlgate sur la gauche, avec le petit clocher de l'église protestante en ve-

Le Vieux-Cabourg.

dette, et les superbes villas de la plage. On continuera la promenade par la pointe de Cabourg, qu'on peut parcourir d'une extrémité à l'autre sur un petit tramway, ou sur une bonne route bien nivelée. On pourra revenir par le Chemin des Pêcheurs, si l'on veut varier la promenade, et visiter le Vieux-Cabourg, qui n'est pas composé, comme les villages du pays d'Auge, de maisons séparées par des herbages et encloses de haies; il ressemble plutôt à un village de Picardie. Les maisons, petites et basses, s'alignent à la suite les unes des autres, de chaque côté d'une rue principale, la rue du Commerce ; elles sont construites sans plan régulier, selon le caprice de chaque habitant. L'aspect n'en est pas moins pittoresque. Elles sont occupées par des pêcheurs ou des artisans qui trouvent à gagner leur vie dans la localité. Le long des murs, pendent d'énormes paquets de filets goudronnés qui sèchent au grand air. Devant les portes,

Une rue du Vieux-Cabourg.

de vieilles femmes font de la dentelle ; elles portent le bonnet de coton blanc des villageoises de la région. Autour d'elles, les poules picorent, les canards barbotent, les marmots roulent sur la chaussée. Un vieux loup de mer au teint basané raccommode ses filets pour la pêche prochaine, pendant que sa *vieuche* apprête le poisson qui va servir au repas de la famille. Il y a là matière à plus d'un tableau cham-

Vue prise sur le Chemin des pêcheurs.

pêtre, et les peintres connaissent bien ces sites de nos parages. Les gens du village ne sont pas riches, mais ils vivent sans trop de peine aux dépens des colons de la Dune, à qui ils vendent leur poisson, leur lait et leurs œufs.

On rentrera par les sentiers à droite au bout du village, on passera devant le cimetière et la modeste mairie, pour aboutir à l'église et reprendre l'Avenue de la Mare.

DEUXIÈME ITINÉRAIRE

De Cabourg à Dives, à la ferme de Saint-Cloud, à Beuzeval-les-Bains, à Houlgate-sur-Mer.

Nous ne donnerons ici que les itinéraires des promenades que l'on peut faire à l'ouest ou au sud de Cabourg. Pour toutes les excursions qui doivent être faites dans la direction de l'est, nous renvoyons au chapitre de Beuzeval-Houlgate ou de Villers.

La seconde excursion qui se présente c'est celle qui a pour but Dives, Beuzeval et Houlgate. Quand on s'installe dans un endroit, il est tout naturel que l'on cherche à connaître ses voisins et qu'on leur rende visite. On ira donc à Dives à sa seconde sortie. La route est directe, et de plus, courte et agréable. On visitera l'église, la halle, l'ancienne gendarmerie, l'Hostellerie Guillaume le Conquérant avec ses salles à manger curieuses.

Si le temps est beau et qu'on ne soit pas pressé de

faire rapidement ces différentes excursions, on pourra, en sortant de l'église, pousser jusqu'à la ferme de Saint-Cloud, qui convient très bien aux pique-niques. Elle se trouve au bout du troisième herbage à gauche, sur la route de Brucourt. Entre deux vieux piliers de pierre, est posée une barrière rustique; vous l'ouvrez; vous traversez une *cour*, ou herbage planté de pommiers, puis une autre

Ferme de Saint-Cloud.

séparée de la première par un fossé, et vous arrivez à la petite ferme. Il est facile de reconnaître, à première vue, les restes d'un ancien manoir. Les constructions qui subsistent ne sont qu'une faible partie des bâtiments primitifs. Les sablières sont ornées de têtes de *rageurs*, monstres aux dents aiguës, dont la sculpture est encore bien conservée. La grille de la première fenêtre date de la fin du quinzième siècle; le travail en est très curieux; on y voit encore une fleur de lis en fer forgé. Dans la maison, la cheminée est aussi du quinzième siècle; on y retrouve les armoiries mutilées des anciens seigneurs du manoir. Sur l'écusson du milieu on distingue une croix de saint André. Vous pourrez faire à la ferme une collation frugale. Aimez-vous la société? En voici tout autour de vous : poules,

Château de M. Foucher de Careil.

canards, porcs, voire même veaux, qui se feront un plaisir de prendre part à votre repas.

Après une pause à la ferme, on peut revenir sur ses pas et reprendre le chemin de Beuzeval.

A mi-chemin, on aperçoit sur le sommet de la falaise le beau château du comte Foucher de Careil; planté à cette hauteur, il domine toute la contrée et s'aperçoit à une distance considérable.

Au-dessous, mieux abritée, apparaît la maison normande de M. Brébant (Saluez, gourmets !), construite d'après les plans et sous l'intelligente surveillance de M. Léon Le Rémois, de Dives. On s'arrêtera au port de Dives pour jeter un coup d'œil sur les bateaux ou les barques qui y sont à l'ancre, français ou étrangers. On examinera la solide jetée en pierre et brique bâtie sur pilotis pour

Maison normande de M. Brébant.

la nouvelle ligne de Caen à Trouville. On la suivra jusqu'à Beuzeval pour reprendre ensuite la grand'-route. Ce petit clocher qui vous fait face, c'est celui de l'église protestante. Vous traversez, avant d'y arriver, le douet Drauchon, sur un pont de construction récente. Sur la rive droite de la petite rivière, commence Houlgate. L'aspect n'est plus le même. De grandes et belles villas, de beaux hôtels vous annoncent des goûts plus somptueux, une colonie plus opulente. Quelques-unes de ces villas sont vraiment remarquables.

Pour revenir, on peut quitter la route directe à l'embouchure de la Dives, héler le passeur dont la barque doit stationner tout près de là, depuis le lever jusqu'au coucher du soleil, et suivre la plage ou le chemin tracé sur le sable de la pointe. On peut encore prendre le sentier qui longe le Chalet des Roses, en face de la villa Brébant, et suivre le bord de la rivière jusqu'au pont. Ce chemin est très agréable, lorsque le temps est sec et chaud ; il a, de plus, l'avantage d'être moins long que la grand'route.

TROISIÈME ITINÉRAIRE

De Cabourg à Brucourt.

Avant d'arriver à la nouvelle gendarmerie, sur la route de Dives, on prend (s'il fait sec) un petit sentier à droite, qui conduit sur la route de Brucourt. On peut aussi traverser Dives et prendre, à droite, la route qui passe devant l'église. De chaque côté de la route de beaux pâturages, animés par de paisibles bœufs qui vous regardent de leurs gros yeux noirs. Partout de la verdure, des haies de mûriers ou de noisetiers qui encadrent la route ; des pommiers aux branches capricieuses ; puis par intervalles une maison normande toute bardée de bois, et tapissée de poiriers en espalier. Avant d'arriver au bas de la côte sur laquelle s'étage le hameau de Brucourt, on suit le petit chemin direct, au lieu de continuer la marche sur la route de Dozulé à droite; on prend ensuite un sentier à gauche entre deux rangées de haies, et on aperçoit l'humble réservoir où s'amasse l'eau de la source ferrugineuse, qui a, dit-on, la saveur et la vertu des eaux de Vichy. De grands seigneurs et le roi Louis XV sont venus, paraît-il, boire à cette modeste source. Il y a toujours près de là quelque bonne figure de paysan tout disposé à recevoir l'obole des buveurs d'eau. On revient par la même route.

Si pourtant on se sent le courage de prolonger la promenade, on peut prendre à gauche la route de Trouville à Caen, qui traverse la route de Brucourt, lorsque l'on revient de la source. C'est une large chaussée construite avec beaucoup de soin. Elle passe au milieu des anciens marais de la Dives, marais reconquis sur la mer, qui s'est retirée peu à peu. Elle n'a pas moins de quatre kilomètres de longueur jusqu'à Varaville; elle est bordée de beaux arbres de chaque côté et bien entretenue. On rentre à Cabourg par la route de Caen, après une station à l'auberge Lebâtard, dont on pourra admirer la batterie de cuisine brillante comme de l'or.

QUATRIÈME ITINÉRAIRE

De Cabourg à Varaville par le Bas-Cabourg.

Cette excursion peut être faite à pied, à âne ou en voiture. On descend l'avenue de la Mare, comme si l'on allait à Dives ; on prend à droite la route de Honfleur à Caen en passant devant l'église, et l'on arrive à un carrefour formé par trois routes : à gauche, l'avenue de la Divette ; à droite, la route du Homme, Sallenelles et Ouistreham ; au centre, la route n° 6, de Honfleur à Caen ; c'est celle-ci qu'il faut prendre.

Les premières maisons que l'on aperçoit sur cette route forment le Bas-Cabourg ; à gauche une ancienne ferme, avec un bel arbre au milieu de la cour ; à droite un bon chemin qui mène à la route du Homme, et une auberge. Partout des arbres, et des haies ; le coup d'œil est agréable par les grandes chaleurs, mais après quelques jours de pluie persistante, cette partie de route trop ombragée reste longtemps humide. En approchant de Varaville, on remarque à gauche de la route, dans les prairies, des dunes de sable, preuve certaine que la mer a baigné cet endroit. Si l'on fouille le sol à quelque profondeur, on retrouve les mêmes coquillages et la même composition de sable qu'au bord de la mer. Bientôt le terrain se relève ; les grands pâturages des anciens marais sont passés ; on arrive à Varaville.

C'est là que se livra, en 1058, la bataille où les troupes du roi de France furent écrasées par celles du duc Guillaume le Bâtard. Henri Ier avait envahi la Normandie. Ses dispositions avaient été prises avec tant de soin qu'il était arrivé jusqu'à Bayeux avant que le duc eût pu réunir ses forces. A la nouvelle de son approche, le duc se jeta dans Falaise, où ses chevaliers vinrent le rejoindre. Là ils attendirent le retour du roi qui ne tarda pas à s'effectuer. Les soldats de Henri, n'éprouvant aucune résistance, ravagèrent le Bessin jusqu'aux bords de la mer et se replièrent sur Caen. Après avoir dévasté la ville, alors ouverte, ils se dirigèrent sur la Dives avec l'intention de la traverser à la chaussée de Varaville pour se diriger sur Rouen. Cette longue chaussée aboutissait à un pont étroit jeté sur la rivière. Guillaume, instruit par ses éclaireurs de la marche de ses ennemis, les laissa s'engager dans ce passage dangereux, et bientôt il gagna, avec toutes ses forces et en cachant ses mouvements le mieux possible, la vallée de Bavent pour y attendre le roi qui venait se livrer de lui-même. La tête de l'armée française était déjà passée et commençait à couvrir de ses bandes la rive qu'elle venait d'atteindre, quand tout à coup, prenant en queue l'arrière-garde, les Normands fondent sur elle à l'improviste et la mettent en déroute. Les Français fuient et se pressent sur le vieux pont de bois qui se rompt sous leur masse. Par un autre hasard également favorable à Guillaume et à ses Normands, la rivière, guéable auparavant, cessa de l'être à cause du reflux qui survint en ce moment, et la moitié des ennemis furent tués, faits prisonniers, ou poursuivis jusqu'à la mer, tandis que leurs compagnons, spectateurs de ce désastre, ne pouvaient leur prêter secours. Eux-mêmes, engagés dans les marais, s'en retirèrent à grand'-peine.

Le roi de France, du haut de la Butte de Basse-bourg, poussait des cris de désespoir en contemplant ce désastre lamentable, dont il pouvait d'un coup d'œil mesurer l'étendue. Cette journée, qui fut si complète que jamais autant de prisonniers n'avaient été faits en Normandie, mit fin aux querelles suscitées par Henri I*er*. Un an après, il demanda la paix, qui lui fut accordée, et le duc lui rendit les hommes d'armes qu'il avait retenus en captivité.

Robert Wace parle en ces termes de cette bataille mémorable :

L'ewe è la mer asez en porte,
Li reis les veit, sei descunforte ;
Munté fu de suz Basteborc,
Vit Varavile è vit Caborc,
Vit les marez, vit les valées
De plusors païs lunges è lées ;
Vit l'ewe grant, vit li pons frait,
Vit sa grant gent ki a dut vait ;
Prendre vit les uns è loier,
Li altres vit en mer néier ;
Ciax ki neient ne pot secorre,
Ne les prisons ne puet rescorre.

> De mautalent soufle è suspire,
> De pesance ne set ke dire ;
> Mult véissez sun cors desfrire ;
> E sun viaire taindre d'ire.

« La rivière et la mer en emportent un grand nombre. Le roi les vit et en fut désespéré. Il était monté sur la hauteur de Bassebourg, et de là il vit Varaville et Cabourg ; il vit les marais et les vallées à une grande distance ; il vit la rivière grossie, le pont rompu et toute son armée en détresse. Il vit les uns pris et enchaînés, les autres noyés dans la mer, sans pouvoir secourir ceux-ci, ni délivrer ceux-là. Il soupirait de douleur et ne savait que dire ; on voyait son corps frémir et son visage rougir de colère. »

On voit à Varaville les fossés et l'esplanade d'une motte féodale. Le château à toits très élevés date de la Renaissance. L'église a encore de beaux fragments du treizième siècle.

Pour revenir par une autre voie, on peut prendre à gauche la grande chaussée, bordée de beaux arbres, et rejoindre la route de Dozulé pour rentrer par Dives : c'est le précédent itinéraire suivi en sens inverse.

Les cavaliers et les personnes en voiture pourront prolonger la promenade jusqu'à Bavent. En sortant de Varaville dans la direction de Caen, on prend à gauche un chemin qui conduit à Troarn et passe par Petiville. On aperçoit de loin le clocher élancé de ce petit village ; il est moderne, bâti en pierre blanche et ressemble à celui de Cabourg. Près de l'église on aperçoit un vieux château entouré d'un beau parc qu'un fossé sépare de la route. On longe ensuite le marais à mi-côte et bientôt on se trouve à l'entrée de la chaussée qui mène à Robehomme. C'est en cet endroit que commence la Divette, qui n'était d'abord qu'un canal creusé pour le desséchement des marais.

Robehomme était jadis une île, comme sa terminaison homme, de *holm*, l'indique. On sait qu'il y a eu autrefois des salines en cet endroit. C'est maintenant un monticule entouré de marais et qui ne communique avec la terre ferme que par la chaussée de Bavent. Cette chaussée est bien construite et bien entretenue; sur chaque côté règne une contre-allée gazonnée et ombragée par une rangée d'arbres. Un large fossé reçoit les eaux des nombreuses saignées ouvertes à droite et à gauche pour dessécher les pâturages. On peut faire le tour de Robehomme; une route traverse l'île; on la suit du nord au sud en passant près de l'église. L'édifice est moderne, il a été construit dans le style du treizième siècle par M. Pelfresne. La porte est surmontée d'un tympan représentant le jugement dernier.

On regagne la terre ferme par la même chaussée et on arrive bientôt à Bavent. C'est un grand village que traversent des rues en bon état. L'église date de plusieurs époques; le chœur est moderne. Près de l'église s'élève le vieux château avec ses toits pointus.

Le Bois de Bavent n'est pas bien loin de là. On y arrive en suivant la route de Troarn. Il est bien percé et le terrain est sec. Au milieu du bois, se trouve la Salle verte, endroit commode pour les pique-niques. On s'installe d'ordinaire sous un vieux hêtre pleureur où tous les ans, à la Pentecôte, vient danser la jeunesse des environs.

En allant rejoindre la route de Caen, on laissera sur sa gauche le manoir de Venoix, dont quelques parties sont très anciennes, et qui a été l'objet d'une intelligente restauration.

Si au lieu de revenir vers le point de départ on se dirige du côté de Caen, on arrive à la fabrique du Mesnil, important établissement de poterie, où l'on fait des drains, des tuiles, des briques et surtout des poteries artistiques extrêmement remarquables. En descendant, on rencontre sur la gauche le manoir du Mesnil. Si l'on revient vers Varaville, on passe devant le château de Beneauville, auquel on accède par une belle avenue à double rangée d'arbres de chaque côté. On regagne Varaville par une route bien ombragée et bien sablée que l'on prendrait pour une allée de parc.

Tout ce côté de nos environs est très attrayant. La végétation y est luxuriante et d'un vert toujours frais. Les villages y sont riches et bien bâtis; les fermes situées au milieu de beaux herbages, les châteaux entourés de parcs spacieux, se succèdent et communiquent entre eux par des routes solides, bordées de haies, d'arbres, et côtoyant des champs de blé ou de colza. Quiconque a pu parcourir à loisir cette partie de la Normandie par une belle journée d'été en a conservé une impression ineffaçable.

CINQUIÈME ITINÉRAIRE

De Cabourg au Homme, au Champ de Courses, Merville, Sallenelles, le pont de Ranville, Ouistreham.

Deux chemins mènent au Homme : la plage à marée basse, et la route des voitures. Prenons par la route, nous reviendrons par la plage. Au carrefour qui se trouve près de l'église, nous prenons la route de droite ; d'un côté nous avons les dunes, encore à l'état de landes incultes, de l'autre le marais avec sa belle population encornée. Nous laissons sur la droite une belle villa en partie couverte de plantes grimpantes et élevée sur le haut de la dune à l'extrémité d'un petit parc bien verdoyant ; un peu plus loin une grande maison carrée d'aspect confortable ; puis apparaissent les villas du Homme éparses sur les dunes, sans plan régulier, selon les hasards du terrain.

Le Grand Hôtel du Homme se présente bien ; il est construit dans de bonnes proportions. On s'y rend par une avenue bordée d'arbres au feuillage naissant. Sa situation sur le bord même de la dune plaît aux baigneurs qui aiment le calme et la solitude.

En face de l'hôtel s'étend le Champ de courses, tracé au milieu de pâturages qui, dans la belle saison, fournissent un sol excellent pour les chevaux. Les tribunes sont mobiles et ne se montent qu'à l'époque des courses, dans les premiers jours du mois d'août. Le champ de courses n'a pas moins de 1800 à 1900 mètres d'étendue. Il est limité à l'ouest par le chemin qui conduit à la ferme du Homme.

En revenant sur la route, nous nous trouvons en face d'un établissement de dressage, où de nombreux chevaux, de galop ou de trot, reçoivent l'entraînement qui doit les préparer aux luttes des hippodromes. Plus loin, sur le bord de la mer, se dresse une petite chapelle. Près de là est le petit hôtel Sainte-Marie.

Après avoir dépassé le Homme, on laisse à gauche la maison habitée par les douaniers, puis à droite le petit bois de sapins du Pendu, et on arrive au village de Merville que l'on aperçoit à gauche (6 kilomètres de Cabourg). Le village est peu important ; il a tout au plus 280 habitants. La petite église est bien modeste ; elle paraît appartenir au seizième siècle. Le pignon occidental et le campanile qui le surmontent sont modernes. Tout près de l'église on voit les ruines d'une vieille tour, dernier vestige d'un château féodal qui possédait, outre le donjon, sept tours pareilles à celle-là. Le manoir actuel, qui appartient à la famille Fouques Desmarais, dépendait de l'ancien château ;

il est précédé d'un fossé plein d'eau. En face de la tour, on voit encore un fragment de vieux mur, en massives pierres de taille, qui faisait partie des constructions primitives. De l'autre côté de l'église, s'élève une immense tour ronde que l'on appelle le Pigeonnier.

L'ancien château de Merville fut détruit par les Bretons en 1467. Le duc de Bretagne, François II, avait envahi la Normandie et s'était emparé d'Alençon, de Caen, de Bayeux et de toute la Basse Normandie. Louis XI, informé de ses progrès, se mit lui-même en marche pour aller au secours de la Normandie. L'approche du roi alarma les bourgeois d'Alençon qui chassèrent les Bretons de leur ville, où le roi entra sans coup férir. Les Bretons s'enfuirent, mais pour se venger de l'échec qu'ils venaient de subir, ils prirent le château de Merville, tuèrent tout ce qui s'y trouvait, le pillèrent, et y mirent le feu après avoir pendu le seigneur du château.

Ruines de l'ancien château de Merville.

En revenant sur la route de Caen, on arrive bientôt à Sallenelles, qui s'appelait au moyen âge *Salinelle*, à cause des salines importantes qu'on y exploitait C'est un joli village situé à l'embouchure de l'Orne, rive droite, où les chasseurs viennent louer des bateaux pour chasser le gibier d'eau qui abonde dans ces parages, sur la vase durcie laissée à découvert par la mer. En vue de Sallenelles, se trouve le Banc aux Oiseaux où se réunissent toutes les variétés de palmipèdes connues sur nos côtes, mauves, goëlands, alouettes marines, hirondelles de mer, macreuses, etc.

L'église est sans intérêt; elle appartient à la période moderne.

De l'autre côté de la rivière est Ouistreham. On peut y aller directement en passant l'Orne en bateau, si la mer est haute et calme. Sinon, il faut longer la rivière et aller prendre le bac ou même le pont de Ranville. Le chemin est long et rien moins que direct. Ouistreham mérite une visite; l'église est un beau spécimen d'architecture romane. Il n'est pas facile de trouver à déjeuner dans ce village, à moins que ce ne soit un jour de marché. Les boucheries sont fermées; les auberges mal approvisionnées. Le pain, le cidre ou le vin sont le seul appoint sur lequel on puisse compter.

En retournant à Cabourg par la plage, on laisse à droite la Redoute de Merville qui, dans les guerres de la Révolution, a eu souvent à échanger des coups de canon avec les escadres anglaises; elle défendait l'entrée de l'Orne sur la rive droite, comme la Redoute de Ouistreham protégeait la rive gauche.

Cette promenade, assez longue et assez pénible, ne pourrait se faire aisément en une demi-journée.

SIXIÈME ITINÉRAIRE

De Cabourg à la ferme de Bassebourg.
(6 kilomètres).

Cette promenade est une des plus intéressantes que l'on puisse faire dans les environs, mais c'est aussi une des plus pénibles, et elle n'est possible qu'aux piétons et par un temps très sec. Il ne serait pas prudent à une dame de la tenter, à cause de la difficulté ou des accidents éventuels de la route. Pourtant, quand il s'agit d'aventures périlleuses, on serait mal venu d'en dissuader les dames,

> Et je sais même sur ce fait
> Nombre de *femmes* qui sont *hommes*.

Pour monter jusqu'à la ferme, il faut suivre la même route que pour aller à Brucourt, et, après avoir dépassé la croix Querpin (Crépin ou Cherpin?), qui se trouve sur le bord du chemin à la rencontre des quatre routes, prendre un chemin à gauche, assez rocailleux, qui monte et descend tour à tour jusqu'à une maison située près de Brucourt. On peut alors ou couper à travers les herbages et le bois jusqu'à la ferme, que l'on aperçoit au haut de la colline, voie très accidentée et fertile en surprises, ou prendre le chemin de gauche. Quelle que soit la route choisie, on doit s'attendre à une assez rude ascension. Si l'on veut faire une partie de la route en voiture, on peut prendre le chemin de gauche, en face de la croix Querpin, ou suivre la route qui mène à la fontaine de Brucourt. Par l'une ou par l'autre voie, on devra laisser la voiture au bas de la côte pour achever la route de son pied léger.

La vue dont on jouit de ce plateau étroit, à environ cent-vingt mètres d'altitude, offre une ample compensation à la fatigue du trajet. La pointe de Bassebourg a d'ailleurs son importance historique. C'est de là que le roi de France Henri Ier assista, sans pouvoir lui porter secours, à la défaite de son armée, repoussée vers la mer à travers les marais de Varaville et de Cabourg par le duc de Normandie, Guillaume le Bâtard, en 1058.

Ce devait être un affreux spectacle, car il n'y a, du haut de cette croupe, aucun point du littoral qui ne soit parfaitement distinct; elle est tellement resserrée qu'on peut voir les deux vallons en même temps.

En se faisant servir à la ferme un peu de cidre ou de laitage, on obtiendra aisément la permission d'aller jusqu'au Belvédère. C'est un groupe d'arbres plantés sur le bord même du coteau et disposé de façon à former un berceau de verdure; ce petit réduit, entouré de haies, est tout à fait propre aux collations, surtout par un temps chaud. Il y avait jadis, en cet endroit, un signal qui avait servi à la triangulation géodésique de la carte d'Etat-major. Il a été démoli dans ces dernières années. De ce point culminant on embrasse du regard presque tout l'horizon. A droite, sur l'arrière, le château de Sarlabot et le Mont, autre promontoire assez élevé aussi ; puis Cabourg, avec son pont et sa ceinture d'arbres verts, l'embouchure de la Dives, et la pleine mer à perte de vue ; le Homme, Sallenelles, l'embouchure de l'Orne, qui produit l'effet d'un lac d'argent en fusion ; Ouistreham et toutes les stations balnéaires de la côte de gauche, Lion, Luc, Langrune, Saint-Aubin, Bernières, Courseulles, et jusqu'aux clochers de Caen par dessus les bois de Bavent. A gauche de Bassebourg, le regard plonge dans les profondeurs assombries de la vallée, et au delà pénètre dans le vallon de l'Ancre, petit ruisseau qui coule au-dessous de Dozulé et va se jeter dans la Dives au sud de la chaussée de Varaville.

Autour de ce mamelon, qui offre certainement le plus beau panorama de toute cette région, surgissent plusieurs monticules moins élevés, dont le principal, le mont d'Angoville, mérite une visite. Il est bien situé, et couvert d'arbres. C'est une station aussi commode et aussi agréable pour un déjeuner champêtre que la ferme de Bassebourg.

Pour revenir, on peut descendre jusqu'à la chaussée de Varaville et rejoindre à gauche la route de Dives.

SEPTIÈME ITINÉRAIRE

De Cabourg à Cricqueville.

Cricqueville est un petit hameau dont les chaumières sont éparses au milieu des pâturages sur

La ferme de Cricqueville (façade).

la route de Dives à Dozulé. Il y a là un ancien château bien planté entre une vaste cour et des prairies. C'est une construction remarquable de la fin du seizième siècle; on en a fait une habitation de fermier.

On trouve encore dans l'escalier de pierre qui conduit aux étages supérieurs une porte massive, toute bardée de fer , qui servait à protéger les habitants du château, s'ils venaient à être forcés dans leurs derniers retranchements. Toutes les demeures seigneuriales de ces temps reculés étaient construites de façon à soutenir un siège contre les pillards. Dans une grande salle du rez-de-chaussée, on remarque une vieille cheminée en pierre sculptée qui date de 1584. Il y a encore au premier étage quelques pièces bien conservées.

La ferme de Cricqueville (côté de l'herbage).

L'église de Cricqueville est peu intéressante; elle date du quinzième et du seizième siècles. Sous la chapelle dont on a fait la sacristie, était un caveau où reposaient les seigneurs de Cricqueville.

Dans les prairies qui entourent l'ancien château passe l'Ancre, petite rivière qui coule entre des endiguements considérables exécutés pour garantir les herbages des inondations.

Pour aller à l'ancien château de Cricqueville, on prend la route de Dozulé qui passe à Brucourt. Elle fait en ce dernier endroit un brusque tournant à droite et longe la petite rivière que l'on traverse bientôt sur un petit pont. Le premier chemin à gauche après ce pont conduit à Cricqueville. On peut encore s'arrêter à une petite auberge située dans un recoin à gauche sur la route et traverser les prés en suivant le bord de l'eau. Il faut pour cela ne craindre ni les bestiaux ni les menus accidents auxquels leur voisinage vous expose. On pourra déjeuner à l'auberge, et continuer la promenade après une pause. Pour revenir, il n'y a d'autre route à prendre que celle qu'on a suivie au départ. Cette promenade se fait très bien à pied ou à âne.

HUITIÈME ITINÉRAIRE

De Cabourg à Dozulé.

Dozulé est un charmant petit bourg, très aéré, très coquet, bâti comme les villages de Picardie sur les deux côtés d'une grande route, celle de Caen à Honfleur. Il règne dans tout ce petit endroit un air d'aisance et de calme profond qui fait envie. L'église est moderne, elle a été construite dans le style ogival du treizième siècle par M. Verolles, architecte de Caen, et son gendre, M. Pelfresne. Il y a, le mardi, un marché considérable. Il avait jadis une importance beaucoup plus grande. Sur les anciennes cartes le bourg actuel était désigné sous le titre de Marché de Dozulé.

La station du chemin de fer qui dessert Dozulé est trop éloignée du bourg : il n'y a pas moins de deux kilomètres de distance. Il est fâcheux que les exigences de certains propriétaires difficiles à satisfaire n'aient pas permis de faire passer la ligne plus près du bourg, car il y aurait gagné beaucoup, la station de Dozulé étant appelée à prendre un très grand développement, par suite de sa situation à la rencontre de deux lignes fréquentées, celle de Mézidon et celle de Caen.

On se rend à Dozulé par le chemin qui conduit à Brucourt et à Cricqueville. Ce chemin vient rejoindre la route de Caen à Honfleur, à une certaine distance de Dozulé. Il y a là quelques auberges anciennes où l'on peut déjeuner convenablement ou faire rafraîchir des chevaux.

Pour le retour, il est préférable de suivre une autre route. Le chemin, assez mal entretenu sur une partie de son étendue, et presque toujours montant, se trouve à peu de distance de l'église et du côté opposé. A mesure que l'on avance, le paysage se développe, l'horizon s'étend au loin. Le panorama est plus varié et plus grandiose. On se croirait transporté dans quelque région de la Suisse ou du Jura. Si le temps est clair et que le soleil commence à descendre et à colorer toutes ces verdures de tons dorés, vous jouissez d'une ravissante perspective. Une fois arrivé sur la crête de la montagne, vous rejoignez la route qui mène à Dives, et longe la propriété Foucher de Careil, et pendant toute la descente vous repaissez vos regards du superbe paysage étalé devant vous, toute la vallée et la mer resplendissantes des feux du soleil couchant.

Église de Putot, près de Dozulé.

NEUVIÈME ITINÉRAIRE
De Cabourg à Grangues.

Grangues est un village planté sur les flancs de la montagne qui domine Dives. L'église est de plusieurs époques. On y distingue des constructions du onzième, du treizième, du quatorzième, du quinzième et du seizième siècles. On y remarque une jolie porte romane décorée de deux archivoltes qui reposent sur des colonnettes annelées. Au-dessus de cette porte est une fenêtre carrée, dont le linteau est surmonté d'une ogive en accolade.

Grangues a aussi son château, comme jadis il a

eu ses seigneurs. A la première croisade, un sieur Pierre de Grangues suivit le duc de Normandie.

On peut aller à Grangues, et c'est à pied que l'excursion est préférable, par la route de Dives à Brucourt. On prend sur la gauche le second chemin couvert, entre deux rangées de haies; on le suit tout droit jusqu'au bas du coteau; là on prend le chemin de gauche, récemment empierré, et qui s'élève insensiblement jusqu'au village.

Porte de l'église de Grangues.

Il y a, à peu de distance de l'église, une ferme où l'on peut se procurer du lait ou du cidre.

A l'intérieur, on remarque deux piscines dont l'une est romane et l'autre plus moderne, et un autel d'ordre ionique qui a appartenu à l'ancienne chapelle du château.

Pour revenir, on suivra le sentier qui mène au haut de la colline pour aller rejoindre la route de Pont-l'Évêque et descendre la côte de Dives. En voiture, la promenade serait moins intéressante. Pour la faire à pied, il faudra choisir un temps sec.

Pour toutes ces excursions, Cabourg offre bien des facilités. On peut se procurer des voitures, avec chevaux ou poneys, chez Romain; des ânes chez

Gady, et des chevaux de selle au Manège. Certaines promenades peuvent aussi se faire moitié en chemin de fer, par la ligne de Cabourg à Mézidon ou par celle de Cabourg à Caen, et moitié à pied.

Il y a des jours où certaines récréations s'imposent et ne peuvent être ajournées. Tantôt ce sont les grandes courses, qui ont lieu sur l'Hippodrome du Homme et durent deux jours, tantôt des courses moins prétentieuses données sur la plage même, tantôt la pêche aux équilles qui doit se faire à jour et à heure fixes.

Au mois d'août de cette année (1882), de nouveaux divertissements viendront s'ajouter à ceux qu'offrait déjà notre plage. Une société, composée de propriétaires de Cabourg, Dives, Beuzeval, Houlgate, s'est formée pour organiser des régates sur la mer et à l'embouchure de la Dives. Ces fêtes nautiques contribueront à attirer sur notre littoral un plus grand nombre encore de baigneurs.

LA PÊCHE A CABOURG

Bien que Cabourg n'ait pas de port de pêche, on peut cependant se livrer à l'innocent exercice du filet ou de la ligne, et pêcher la crevette ou l'équille en vue de la plage même, ou le poisson d'eau douce dans la Divette ou dans le Canal.

La pêche à la seine.

De toutes les manières de prendre le poisson dans les eaux de Cabourg, la plus productive est la pêche à la *seine* (ou *senne*).

A l'heure de la marée basse, on aperçoit souvent, à droite ou à gauche des bains, deux groupes de pêcheurs qui tirent péniblement une longue corde. Ils sont ordinairement quatre de chaque côté, et semblent mettre toute leur force à ce rude labeur. Ce sont les *seiniers*, pêcheurs qui jouissent du privilège accordé par l'État à ses anciens serviteurs de récolter ainsi le poisson de la côte. Au moment où le filet arrive à terre, une charrette descend sur la plage et vient chercher le poisson qui sera vendu le jour même ou le lendemain, selon l'heure, à Trouville ou dans la localité.

La seine est un grand filet dont les dimensions varient selon les fonds par lesquels on veut pêcher et le nombre des bras dont on dispose pour le manœuvrer. Il peut avoir 50, 100 ou 150 mètres de long sur une hauteur de 1 à 2 mètres.

Dans les mailles de chaque côté est passée une cordelette solide, bien arrêtée. Elle est chargée de balles en plomb; l'autre est munie de *flottes*, carrées ou rondes, en liège. Le lourd filet est mis sur une barque montée par plusieurs pêcheurs, qui s'éloignent du rivage en dévidant de la corde à deux de leurs compagnons restés à terre. Arrivés à une certaine distance, les pêcheurs jettent le filet à l'eau, tandis que deux rameurs dirigent l'embarcation. Une fois tout le filet à la mer, les hommes descendent avec l'autre grelin, et le halage va commencer. Le filet se tient vertical, les plombs au fond, les liéges en haut; il forme ainsi un barrage à claire voie. Aux deux bouts (les petits côtés), un bâton, de même longueur que le filet, porte attachées à chacune de ses extrémités deux cordelettes qui se réunissent à la corde sur laquelle les hommes tirent pour mener le filet. Ce barrage mobile prend une forme semi-circulaire et se tire au rivage, amenant à terre tous les poissons qui se sont trouvés enserrés dans le circuit du filet.

Peu à peu les extrémités se rapprochent. Un cercle complet se forme; les deux cordes se croisent et la seine présente l'aspect d'une bourse dont l'ouverture se rétrécit lentement. C'est alors que des mouvements tumultueux se manifestent dans l'intérieur du filet; les prisonniers cherchent à s'échapper; les uns sautent par-dessus la ligne des liéges; les autres tentent de se glisser à travers les mailles du filet. Rien de plus curieux que cette éruption de poissons argentés s'élançant dans toutes les directions. Le menu fretin passe aisément à travers le filet et se sauve à la nage. Mais hélas! les pauvres petits ne survivent pas longtemps aux rudes secousses qu'ils ont subies; froissés, meurtris, ils ne sont plus en état de reprendre la mer, et sont ramassés par les maraudeurs, ou s'en vont mourir à la dérive.

Quand la pêche est abondante, le dénombrement des victimes ne manque pas d'intérêt. Il y a de tout dans ce filet, des vieilles, des mulets, des plies, des soles, des raies, des turbots, des maquereaux, des harengs, des sardines. Parfois le filet est rempli de pieuvres et de méduses qui le chargent à le rompre; ce sont des accidents trop fréquents encore pour nos pêcheurs! Mais la mer monte; il n'est plus temps de jeter le filet encore une fois; on le hisse dans la barque que l'on amarre sur son ancre, et nos marins, satisfaits ou désappointés, rentrent au village.

La pêche aux équilles.

Si la pêche à la seine est exclusivement réservée aux anciens marins, la pêche aux équilles est à la portée de tous les amateurs. Il suffit, pour s'y livrer, d'être muni d'une fourche à trois dents aplaties, d'un panier, et d'une bonne dose d'activité et de patience. L'équille, que les naturalistes appellent ammodyte (*ammodites lancea*, du grec αμμος, sable, δυτης, plongeur) était connue des anciens.

C'est une espèce d'anguille à écailles brillantes et argentées, mais portant une vraie queue fourchue de poisson. Les Anglais, qui la connaissent bien aussi, l'appellent anguille de sable, *sand-eel*. La tête de l'équille est comprimée, plus étroite que le corps et pointue par devant. La machoire supérieure est susceptible d'extension, et à l'état de repos, l'inférieure est plus longue que l'autre. A certaines époques, on pêche ces poissons au filet et on en prend des quantités considérables. A marée basse, ils se tiennent cachés sous le sable; ils s'y enfoncent quand les grains sont encore soulevés et remués par l'eau, avant que le sable soit foulé et tassé par le mouvement des vagues. Cette prestesse avec laquelle l'équille échappe au pêcheur et s'enfonce dans le sable la met jusqu'à un certain point à l'abri de la dent des poissons voraces, et surtout des scombres, qui la préfèrent à toute autre proie.

Le *lançon* ressemble beaucoup à l'équille; il a souvent 25 à 30 centimètres de longueur, tandis que l'équille, beaucoup plus commune, ne dépasse guère 10 ou 15 centimètres. Il se prend quelquefois à la ligne, dans les grandes marées; l'équille se prend surtout à la bêche, au rateau ou à la fourche, et, dans quelques localités, avec une espèce de hoyau à plusieurs dents traîné par un cheval. Pendant les grandes eaux, le lançon aime à fréquenter l'embouchure des petites rivières, où il poursuit avec acharnement des bancs de frai. L'équille, au contraire, s'éloigne peu de la côte. Les poissons du large, et surtout le maquereau, en sont très friands et lui donnent la chasse; elle ne leur échappe qu'en se cachant dans le sable. Dès que la mer est retirée, le pauvre petit poisson est l'objet d'une guerre obstinée de la part d'un autre animal carnassier,

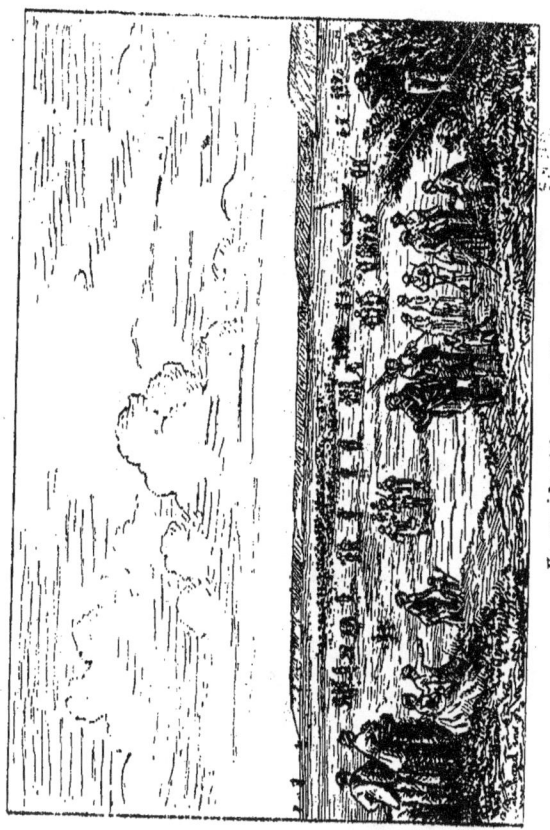

Un jour de pêche aux équilles.

l'homme, qui n'en est pas moins friand que le maquereau. Heureusement pour la perpétuité de sa race, l'équille est très lunatique. Elle ne se laisse pas approcher facilement : elle a ses jours, comme les grandes dames. C'est une question de calendrier. Un jour avant ou un jour après la pleine lune, rarement le jour même, elle apparaît dans les sables. Inutile de se déranger à d'autres dates, si l'on tient à faire une pêche abondante. Mais au jour dit, quelle avalanche de tridents et de bêches vient s'abattre sur la plage! Dès le matin, les routes, les avenues sont sillonnées de charrettes entraînées au grand trot de ces beaux chevaux normands qui ne connaissent pas d'autre allure ; elles sont pleines de bons paysans qui viennent faire leur provision de poisson. Ils apportent leur déjeuner et s'installent sur l'herbe des avenues, en attendant l'heure de la pêche. Alors hommes et femmes déposent souliers et bas dans la voiture, retroussent jupons et pantalons, et se mettent en route pour le lieu de la pêche. C'est ordinairement en face de Beuzeval ou de Houlgate qu'ils se trouvent réunis. Les bancs de sable en sont couverts. Vous voyez de loin la masse noire et grouillante, qui se compose souvent de 1000 à 1500 pêcheurs. De leur côté les baigneurs citadins ne restent pas inactifs. Dames et jeunes filles, barbons et jouvenceaux arrivent en déshabillé coquet prendre leur part du butin. Rien de plus gracieux que ces toilettes de baigneuses qui laissent à découvert le bas de la jambe et la moitié du bras.

Il faut bien être libre de ses mouvements! Le trident à la main, le panier derrière le dos, on traverse bravement les cours d'eau, les flaques, que la mer a laissées en se retirant, la rivière même, et on prend place au plus fort de la mêlée! On donne au hasard quelques coups de bêche; rien! Le sol est trop ferme. On avance encore. Ah! en voici une! On se baisse pour la ramasser, mais l'équille n'est pas plus tôt hors du sable qu'elle y est rentrée.... C'est un éclair d'argent qui paraît et disparaît. Un coup de sa tête pointue, un petit frétillement de sa queue fourchue, et le tour est fait. Il faut la saisir au vol. Voyez faire les petits paysans, avec quelle vivacité ils l'attrapent, dès qu'ils l'ont déterrée de ce coup de bêche brusque et régulier qui leur est habituel! Ils n'en *ratent* pas une seule. Lorsque vous avez laissé échapper l'équille, par trop de lenteur ou par inexpérience, vous bêchez dix fois de suite à l'endroit où elle est rentrée sous terre. Peine perdue! Elle a filé horizontalement et vous fait la nique, jusqu'à ce qu'un pêcheur plus habile la happe à son tour. Si vous trouvez la besogne trop pénible et trop difficile, contentez-vous de manier le trident, et laissez à un autre le soin de ramasser le poisson. Vous vous fatiguerez moins et ferez meilleure pêche. Car ce travail de la bêche est bien rude pour vos mains délicates où déjà apparaissent des ampoules, et pour les reins que la courbature endolorit bientôt. Peu à peu les paniers s'emplissent; les groupes sont plus clair-semés, et d'ailleurs la mer commence à monter; il faut quitter la grève et revenir au logis. On rentre épuisé, couvert de sueur, mais enchanté d'avoir pêché soi-même le poisson qui sera le principal plat du jour.

Tout amusante qu'elle est, cette pêche présente quelque danger. Il arrive parfois qu'en posant le pied nu sur le sable mouillé, on se sent piqué tout à coup. On pousse un cri; on regarde l'endroit blessé; on aperçoit un point rouge d'où le sang coule déjà. La douleur augmente; le pied enfle; il faut revenir aussitôt, si l'on n'a sur soi le remède nécessaire. C'est une *vive* (on dit aussi un *cotte*) qui vous a ainsi meurtri, un petit poisson allongé, à museau court. Vue dans l'eau, la vive paraît rayée de jaune brun. Elle s'enfonce dans le sable submergé, pour guetter sa proie de ses gros yeux plantés haut sur sa tête. Elle est armée de deux épines placées à l'arrière des ouïes et d'une petite nageoire dorsale très courte, à six rayons fort pointus et écartés en éventail. Toutes les pointes sont également venimeuses. Dès qu'on est piqué par une vive, il faut se frotter avec de l'huile pure ou mélangée de laudanum, ou avec de l'alcali que l'on verse dans la blessure, après l'avoir élargie. Si l'on n'a pas ces substances à sa disposition, on écrase le poisson même; on en retire le foie, très huileux, et on l'applique sur la plaie. Au bout de quelques heures, la douleur a disparu. On peut encore se servir d'esprit de vin ou d'un mélange d'oignon et d'ail pilé avec du sel. L'acide phénique en compresse est très efficace.

La pêche à la crevette.

La pêche aux équilles n'est possible qu'à certaines époques ; mais la pêche à la crevette se fait en tout temps. Pour cette pêche le costume de bain est de rigueur ; les pieds doivent être chaussés d'espadrilles en caoutchouc ou en corde ; la tête garantie du soleil ou du vent par un chapeau bien attaché. Un *crevetier*, et un panier d'osier dont le couvercle est percé d'un trou carré par lequel on fait entrer la crevette prise, tels sont les instruments nécessaires. Le crevetier est un filet en forme de poche adapté sur un demi-cercle en bois dont les deux extrémités aboutissent à une barre transversale au milieu de laquelle est fixé un long manche.

Le filet est facile à manier dans l'eau. On le pousse devant soi sur le sable en marchant à la rencontre de la crevette, qui vient du large vers la plage. De temps en temps on relève le filet pour ramasser ce qui s'y trouve pris. Outre les crevettes, on prend différentes espèces de poissons : des petites soles, des plies, des équilles, et même des vives — gare aux piqûres ! — le plus souvent des crabes, et quelquefois de petits poissons effilés, anguleux, semblables à de petits serpents : ce sont des *syngnathes*.

La grosse crevette ou bouquet est inconnue sur notre plage. Celle que l'on prend d'ordinaire est la chevrette ou crevette grise, de moyenne grosseur, excellente au goût. Elle conserve sa couleur en cuisant, au lieu de devenir rouge comme le bouquet. Dans l'eau, elle est presque incolore, et semble diaphane comme le milieu qui l'entoure. N'étaient ses mouvements, on ne la verrait pas passer. Quand la crevette donne, on peut en prendre une quantité raisonnable en peu de temps. Si elle est rare, il faut changer de parages ou s'avancer plus au large, et renoncer à la pêche, dès qu'il est bien constaté que le filet est souvent relevé vide. Quand au contraire le panier s'emplit rapidement, on rentre au logis satisfait, et pendant qu'on change de vêtements, la crevette, toute vivante, est plongée dans l'eau bouillante, bien salée et bien épicée, pour servir à l'agrément du prochain repas.

La pêche aux filets fixes.

Il y a encore un genre de pêche tout spécialement réservé aux anciens matelots ou à leurs veuves, mais dont on peut s'offrir la simple vue très facilement : c'est la pêche aux filets fixes. Les pêcheurs enfoncent dans le sable des piquets longs d'un mètre environ, disposés en demi-cercle, et dont l'ouverture est tournée vers la terre. A ces piquets ils adaptent des filets formant une barrière verticale, et dont le bord inférieur est profondément enterré. A chaque marée, l'eau recouvre complètement les piquets. Lors du reflux, les poissons plats, qui d'ordinaire nagent au ras du sol, viennent se heurter contre le filet en voulant regagner la haute mer, et ne pouvant trouver leur chemin, se cachent dans le sable pour attendre la marée suivante. Ce sont des plies, des limandes, des soles, des carrelets, et des turbots. Aussitôt que la mer a laissé la grève à sec, le pêcheur arrive avec sa bêche, étroite et longue, qu'il enfonce verticalement dans le sable, le long du filet, et il met à jour tous les poissons cachés qu'il emporte en son panier.

La pêche aux crabes.

Un genre de pêche assez peu pratiqué, c'est la pêche aux crabes. Pourtant c'est un exercice intéressant, et qui trouve sa récompense dans le profit qu'il apporte, car la chair du crabe n'est pas à dédaigner, surtout en coulis, et sur nos plages, comme sur toutes les autres, c'est le fonds qui manque le moins. On retrouve les crabes partout, au nord comme au sud. De même que les chiens en Turquie, ou les vautours dans certaines contrées de l'Asie ou de l'Amérique, sont chargés de la voirie municipale et débarrassent les rues des ordures qui les infectent, les crabes sont les grands nettoyeurs des plages. Tous les cadavres, gros et petits, que la mer rejette sur ses bords, disparaissent, absorbés par leur voracité. Tout le monde connaît leur démarche de côté, leur carapace aplatie, leurs grosses pattes en pince qu'ils dressent d'un air menaçant, quand on s'approche d'eux, et leurs deux yeux rouges et saillants qui voient de tous les côtés à la fois, et qu'ils font sortir du bord de leur carapace, quand ils sont en colère, et ils s'y mettent aisément, ce qui justifie le nom de *crabe enragé* qu'on donne à l'espèce commune.

Le crabe maigre que nous voyons trotter partout sur la grève n'a pas la chair très savoureuse. Ceux que l'on trouve cachés sous les pierres sont bien préférables. Les plus grosses et les meilleures espèces abordent la plage avec le flot qui monte et se retirent avec lui. Ce sont les espèces nageantes, à pattes aplaties, comme l'étrille ou crabe laineux. Elles habitent les fentes des rochers et sont rares sur nos plages unies et sablonneuses.

On prend aussi des crabes sur les bords de la Dives, près du pont, dans les flaques d'eau ou les fossés que la mer a recouverts à marée haute. On se sert pour les prendre d'un morceau de viande attaché sur une balance semblable à celle que l'on emploie pour la pêche des écrevisses.

La pêche à la ligne.

Les amateurs de pêche à la ligne trouveront aussi à satisfaire leur passion à Cabourg. La Divette et le Canal sont fréquentés par plusieurs espèces de poissons assez agréables à prendre, mais qui ne sont pas également bons à manger ; ils ont d'ordinaire un goût de vase assez prononcé. L'anguille y est abondante et de très bonne qualité : c'est le meilleur poisson que l'on puisse prendre dans le canal. On y trouve encore la perche, la roche, variété de gardon, la vandoise et quelquefois le brochet, mais celui-ci est assez rare et c'est seulement dans le canal qu'on le rencontre.

Le mode de pêche le plus productif dans ces eaux douces, c'est la pêche à la volée pour le poisson blanc. Les amorces qu'il faut employer de préférence sont les sauterelles. Pour l'anguille, les vers de terre, dont elle est très friande, et les vers de vase valent mieux que tout autre appât.

Dans la Divette ce sont le ver rouge et le vulgaire asticot qui réussissent le mieux.

Dans les petits ruisseaux de Beuzeval et de Grangues, dont l'eau est vive, froide et rapide, et le fond sablonneux, on pêche d'excellentes truites, mais il faut avoir beaucoup fréquenté ces localités ou être exactement renseigné par les pêcheurs indigènes pour connaître les bons endroits.

Comme on le voit, notre littoral offre toutes sortes de récréations charmantes ou utiles, et les baigneurs les plus sérieux trouvent à occuper leurs loisirs aussi agréablement que les plus mondains.

LES COQUILLAGES
L'huître.

Au premier rang des coquillages il faut placer l'*huître*, cet incomparable mollusque, qui est devenu si cher dans ces dernières années. Il est rare sur notre littoral. Pourtant c'est en vue de nos côtes que les pêcheurs des ports voisins les draguent. Au mois de septembre, quand le temps est clair, on aperçoit leurs bateaux à l'horizon, à la hauteur du cap la Hève. Dès que la tempête survient, les bateaux huîtriers regagnent le port et ils entrent quelquefois dans la Dives. C'est alors que les amateurs d'huîtres peuvent s'en régaler à leur aise. Ces huîtres de rochers sont débarquées, et vendues dans le pays. Elles valent les huîtres de parcs.

La moule.

La *moule* est moins rare que l'huître dans nos parages. Il y en avait autrefois dans le lit même de la Dives, près des fascines plantées sur les bords, mais les braconniers d'eau douce les ont depuis longtemps épuisées. On en trouve aussi aux Vaches-Noires de Houlgate. Elles sont très petites et ne valent pas la peine d'être ramassées. Celles que l'on crie dans nos rues viennent de Villerville. Elles sont de grosseur moyenne, mais excellentes et toujours très fraîches. Si parfois on y trouve de petits crabes ronds, il ne faut pas s'en préoccuper. Ils sont inoffensifs et n'ont jamais empoisonné personne. Ils se cachent entre les valves des moules pour préserver leur molle carapace de tout accident. Ils vivent là de l'eau que la mer leur apporte et ne se nourrissent pas, comme on se le figure, de la substance de leurs bienfaitrices.

Le sourdon, la clovisse, etc.

Parmi les coquillages bivalves que l'on trouve encore sur nos plages, il faut citer le *sourdon* ou *maillot*, que l'on vend sur le marché sous le nom de *coque*, très commun, un peu dur de chair, mais qui cependant se mange; la *vénus* ou *clovisse*, qui se ramasse assez loin des rives et par les grandes marées; elle se mange crue, comme l'huître, mais sa chair est dure et coriace; la *mye des sables*, dont la coquille ne ferme pas exactement, elle aime les grandes eaux et n'est pas désagréable au goût; le *manche de couteau* ou *solen*, avec sa coquille longue, mince, en gouttière, que chaque flot apporte sur nos rivages; il est bon à manger, mais on ne le rencontre sur notre grève qu'ouvert et vide.

Le plus commun de nos coquillages est le *frion*, dont la coquille est assez jolie avec ses deux valves luisantes et polies, ornées de couleur rose, violet pâle et jaunâtre. Il vit dans le sable où il pullule ; on l'en fait sortir en piétinant le sol tout autour de l'endroit où il se trouve.

Le *bigorneau* ou *vignot* est aussi très abondant.

Les oursins, les étoiles de mer, etc.

A côté des coquillages comestibles, il y a d'autres créatures qui frappent les regards, lorsqu'on se promène sur le sable de la plage. Elles varient selon l'état de la mer. Tantôt ce sont des oursins, des étoiles de mer, des œufs de squale, tantôt des méduses, etc.

L'*oursin* ressemble à une châtaigne entourée de sa coque épineuse. Sa carapace arrondie est composée d'environ dix mille pièces agencées ensemble, les unes munies de piquants mobiles, les autres percées de trous par lesquels passent les tentacules charnus, ou suçoirs. C'est à l'aide de ces derniers que l'animal chemine. Au-dessous du corps, au centre d'une ouverture circulaire, est la bouche, qui se compose de cinq dents aiguës avec lesquelles l'oursin déchire sa nourriture. Plusieurs espèces d'oursins sont bonnes à manger. Leur chair rappelle le goût de l'écrevisse.

Les *étoiles de mer* ou *astéries* abondent partout.

L'espèce la plus commune est rouge ; son diamètre est de 10 à 12 centimètres. Elle rampe avec lenteur ; pour avancer, elle allonge un de ses bras, l'accroche au sol à l'aide de ses mille suçoirs, puis le contracte et tire ainsi le reste du corps ; elle allonge alors un autre bras pour faire un mouvement de plus, et ainsi de suite. Sa bouche est située à la partie inférieure du disque et communique presque directement avec l'estomac, qui se prolonge dans chaque rayon. Elle se nourrit de petits mollusques.

On trouve souvent sur la plage, après la marée, de petits sacs carrés, en cuir brun, munis aux quatre coins de cordons de cuir qui semblent destinés à accrocher le sac aux rochers et aux plantes de la mer : ce sont des *œufs de squales*, (chiens de mer, raies, etc).

Les *méduses* sont des espèces de zoophytes qui ressemblent à de gros champignons gélatineux. Elles sont bleuâtres, frangées de violet, transparentes, et composées de deux parties : un demi-globe ou *ombrelle* et au-dessous, des tentacules. Lorsqu'elles touchent la peau, on éprouve une forte démangeaison. Elles sont assez nombreuses, quand la mer est calme. Elles nagent en contractant et relâchant successivement les bords de leur ombrelle.

LES OISEAUX DE MER.

La liste de ces curiosités naturelles ne serait pas complète, si nous ne consacrions quelques lignes aux oiseaux qui sans cessent voltigent devant nos yeux.

Les goëlands, les mouettes, etc.

Les plus communs sont les *goëlands*, qui dépassent la taille du canard, et les *mouettes*, qui sont plus petites. Les ailes de ces oiseaux sont bien fendues ; leur bec est tranchant, allongé, aplati sur les côtés, recourbé en croc à l'extrémité. Leur plumage est blanc, excepté sur le dos et le dessus des ailes, dont le ton varie du gris bleuâtre le plus délicat au noir franc. Leurs pattes, assez longues, leur permettent de courir avec rapidité, et leurs doigts palmés leur rendent la natation facile. Ce sont des oiseaux lâches, voraces et criards, qui fourmillent sur les rivages de toutes les mers, où ils recherchent les poissons vivants ou putréfiés, les vers, les mollusques, et toutes sortes de cadavres d'animaux. Ils décrivent de grands cercles au-dessus de leur proie qu'ils aperçoivent de très haut et qu'ils se disputent les uns aux autres avec acharnement. Leur chair est dure, fort coriace, et d'une odeur désagréable. Leur plumage n'est bon à rien ; aussi les laisse-t-on se multiplier en toute liberté. Ils nichent dans le sable ou dans les fentes des rochers, et ne font qu'un petit nombre d'œufs.

Les *labes* ne diffèrent des mouettes que par leur queue pointue et par leurs narines plus grandes. Ils poursuivent sans repos ni trêve les petites espèces de mouettes pour leur enlever leur proie. On croyait même autrefois que c'était pour dévorer leur fiente : de là le nom vulgaire de *stercoraires* qu'on leur donne assez souvent.

Par une claire journée de septembre, lorsque la mer est calme, on aperçoit quelquefois, vers l'embouchure de l'Orne, une longue traînée noire, qui se déplace et s'agite par intervalles. Ce sont des bandes de *macreuses*, composées de plusieurs milliers d'individus.

Elles nagent et courent sur les vagues avec une grande agilité. Leur chair est sèche, huileuse, imprégnée d'odeur de poisson, aussi l'usage en est-il permis en carême les jours maigres. Ces oiseaux ne nichent pas en France ; cette circonstance a donné lieu à des suppositions étranges : on a prétendu qu'ils ne pondaient pas, et qu'ils naissaient par génération spontanée de matières en putréfaction. On sait depuis longtemps qu'ils nichent et pondent sur les côtes des régions arctiques.

DIVES

Dives est une petite bourgade du canton de Dozulé, située à l'embouchure de la Dives. Elle a porté longtemps le nom de Saint-Sauveur et c'est sous ce nom qu'on la trouve mentionnée dans divers documents. Elle est reliée à la grande ligne de Paris à Cherbourg par un tronçon de chemin de fer qui s'embranche à Mézidon. Une autre petite ligne la met en communication directe avec Caen par Dozulé-Putot.

La population est d'environ 1000 habitants. La tradition place à Dives le point de départ de la flotte de Guillaume le Conquérant; mais il est probable qu'il n'y avait dans le port de Dives qu'une partie de la flotte, celle qui devait transporter en Angleterre les provisions et tout l'attirail de guerre nécessaires aux envahisseurs.

L'embouchure de la Dives formait une vaste baie sur le bord de laquelle étaient situés Dives, Cabourg, Varaville. Peut-être même y avait-il un port à Varaville, qui avait à cette époque autant de notoriété que Dives.

Le petit port de Dives est naturellement formé par l'embouchure de la rivière. Il est abrité des vents du sud et de l'est par les hautes falaises de Beuzeval. Le port est donc dans de très bonnes conditions, comme abri. Les bancs de sable qui bordent le chenal sont assez bas pour que les navires puissent y entrer, même avec des vents contraires.

L'absence de communications faciles entre le bourg et l'intérieur du pays a été pour beaucoup dans l'abandon où le port a été laissé depuis des siècles. Car les documents historiques et l'état des lieux attestent l'importance que la localité a eue pendant fort longtemps.

Le port de Dives a subi bien des vicissitudes depuis l'époque où les barques danoises venaient y amener leurs bandes d'émigrants. Le sable qui envahit nos côtes en a changé plus d'une fois et la place et la configuration. Il est difficile de savoir au juste quel emplacement il occupait en ces siècles éloignés. Il est vraisemblable qu'il ne tarda pas à s'ensabler et qu'un autre port dut être établi vers le Vieux-Cabourg, à peu de distance de l'église. Une petite chaîne de dunes de sables, détruites en partie par le chemin de fer, témoigne encore de la présence de la mer en cet endroit, peut-être vers le quatorzième siècle. La pointe de Cabourg n'existait pas à cette époque.

Lorsqu'elle a commencé à se former par suite de

l'amoncellement des sables que les vents de mer apportaient, le cours de la rivière a pris à peu près la direction qu'il a actuellement et le second port s'est peu à peu envasé. Pendant quelque temps, on essaya de remédier à cet inconvénient au moyen d'un canal. Vers le dix-septième siècle, on fit le troisième port dont l'emplacement est encore marqué, ainsi que la voie d'accès. Il se trouvait dans

Port de Dives.

une prairie triangulaire qui s'étend entre la gare et la Dives. Le quai est facile à retrouver. Quant à la route d'accès, elle suivait le chemin qui passe à la briqueterie.

Plus tard, les habitants de Beuzeval et ceux de Gonneville, pour avoir moins de chemin à faire, établirent un petit port appelé le *Quai aux Fagots*, parce que le chemin que prenaient les voitures chargées de pommes ou de barils de cidre était fait et tracé avec des fascines. Le troisième port de Dives étant devenu encore d'un accès difficile, on fut obligé de l'abandonner et ce fut le port aux fagots qui le remplaça. Les habitants de Beuzeval, qui l'avaient établi, prétendaient en avoir la jouissance et la possession exclusives, bien qu'il fût situé sur le territoire de la commune de Dives, et il s'en suivit un procès qui ne dura pas moins de vingt-cinq ans et ne fut terminé que par la création du quai actuel, qui mit tout le monde d'accord.

Encore pour en arriver à l'ordre de choses actuel, a-t-il fallu passer par bien des tâtonnements et bien des modifications, qui toutes tendaient à rendre au port sa prospérité passée. En 1767, M. Rolland proposa la construction d'un quai avec revêtement en charpente, mais comme il n'y avait pas plus de six ou huit bateaux qui venaient annuellement charger du cidre à Dives, qu'il n'y avait pas un seul bateau de pêche, tandis que Beuzeval en avait deux, et que le lit de la rivière se déplaçait fréquemment, le projet fut abandonné.

En 1785, M. Chaubry, ingénieur à Honfleur, dressa un nouveau projet pour la construction d'un quai en maçonnerie. En 1786, M. Céard proposa un revêtement en fascinage. Enfin en 1845, parut un dernier projet comprenant la construction d'un quai en bois et l'établissement d'une digue submersible.

Pour garantir le port de tout accident, des terrains ou des eaux, on fit, au moyen d'endiguements, la conquête des pâturages qui se trouvent aujourd'hui entre la route, la Dives et la gare.

C'est dans une de ces prairies, bien certainement, que nous verrons, dans un temps plus rapproché qu'on ne pense, le port définitif de Dives, un bassin à flot qui ramènera la vie et le mouvement commercial dans toute la contrée. Le chemin de fer de Mézidon à Dives apportera un changement considérable dans les relations de notre littoral avec le centre de la France, en mettant le port de Dives en communication directe et rapide avec Argentan, Alençon, le Mans, Tours. Le port de Dives est, avec Caen, le port le plu voisin du Mans, dans le Calvados. Il y a lieu de penser qu'une partie du mouvement d'affaires qui se fait entre l'Angleterre et le centre de la France pourra s'opérer par la voie de Dives. Ce n'est pas un projet chimérique que de rêver l'établissement d'un premier bassin de 100 mètres de large sur 200 mètres de long, parallèle au chemin de fer, et à 50 mètres de la ligne, avec un railway qui l'entourerait sur toutes ses faces et se raccorderait avec la voie, du côté de la gare. Ce bassin serait alimenté par une prise d'eau, établie sur la Dives en amont, ce qui permettrait, à marée basse, de vider le port pour le nettoyer au besoin et dégager le chenal, s'il était obstrué. Si ce projet se réalisait, on verrait Dives reprendre sa véritable place, car les maisons se prolongeraient jusqu'au port, et les terrains qui s'étendent entre la route et le chemin de fer se couvriraient de constructions de toutes sortes.

En attendant que ce plan idéal soit exécuté, le quai en bois, que le passage de la nouvelle ligne a considérablement réduit, et qui est devenu insuffisant pour le trafic du port, fréquenté en 1881 par 256 navires, va être bientôt reconstruit en pierre et prolongé de 40 mètres. Il sera relié à la gare de Dives par une voie spéciale et mis en communication directe avec Mézidon, Argentan, Alençon, Le Mans, Angers, et avec Orléans, Chartres, Dreux, Châteaudun, etc. par la ligne d'Orléans à la mer. La commune, a voté 16 000 francs pour ces travaux d'agrandissement, le Conseil général 14 000, et l'Etat a accordé 150 000 francs demandés pour parfaire la somme nécessaire.

Le cours de la Dives n'a pas moins de cent kilomètres de long. Elle vient de Malnoyer, dans l'arrondissement d'Argentan, passe à Trun (Orne), Crocy, Beaumont, Coulibœuf, Saint-Pierre-sur-Dives, Mézidon, Troarn, et se jette dans la mer à Dives. Bien des circonstances donnent lieu de croire que la rivière était autrefois beaucoup plus large et plus importante qu'aujourd'hui. Les communications entre les divers points de la région ne pouvaient se faire que par voie d'eau, l'état des chemins et leur insuffisance ne permettant pas d'autre moyen de locomotion. C'était par la *route des cygnes*, comme ils disaient eux-mêmes, que les pirates normands s'étaient introduits dans le pays. Au

neuvième siècle, ils remontèrent la Dives jusqu'au
delà de Saint-Pierre-sur-Dives, qu'ils ravagèrent. Au
dixième siècle, c'est par la Dives que le roi de
Danemark, Harald II, fit pénétrer ses guerriers dans
le pays d'Auge, pour défendre le jeune duc
Richard Ier contre les attaques de Louis d'Outre-
mer. Il débarqua au rivage de la saline de Cor-
bon, selon les uns, au port de Varaville, selon les
autres, pour porter ses troupes aux environs de
Croissanville.

La Dives était aussi plus poissonneuse qu'elle ne
l'est de nos jours, surtout vers son embouchure.
Guillaume le Conquérant concéda à l'abbaye de
Sainte-Trinité de Caen la dîme des *baleines* prises
dans les eaux de la Dives. La charte existe encore
dans les archives du Calvados.

Les échanges commerciaux qui s'opéraient par
la Dives devaient être assez considérables. On voit
par les pièces d'une contestation survenue en 1406,
entre l'abbaye de Saint-Étienne de Caen et des marchands de Castille et de Portugal, au sujet de
droits à payer, que ces marchands apportaient à
Dives leurs vins et les cuirs de Cordoue, qu'ils tro-
quaient contre des denrées de la province normande.

L'emplacement que Dives occupait autrefois se
reconnaît encore facilement aujourd'hui. Il était
assez vaste et en rapport avec l'importance du port
où se rallia la flotte que Guillaume destinait à la
conquête de l'Angleterre. Toutes ces rues désertes,

qui s'étendent jusque dans les prairies, étaient couvertes de maisons. Là où règnent le silence et

Une vieille maison à Dives.

la solitude, s'agitait une population active et industrieuse.

Par suite de sa position, la ville de Dives fut souvent mêlée aux grands événements historiques de notre pays. Elle fut brûlée en partie par Édouard III, roi d'Angleterre, en 1346, pendant la guerre de Cent ans, et la plupart de ses maisons, construites en bois, devinrent la proie des flammes, qui n'épargnèrent que quelques vieilles maisons.

Dans les vieux murs, on aperçoit encore des pierres calcinées et rougies par le feu, et quand on

Une rue de Dives.

creuse dans les caves des maisons anciennes, on en retire des cendres.

Ce qui reste encore debout de l'ancienne ville présente un aspect singulier. En parcourant ces rues, assez larges et régulières, en voyant cette vaste et superbe église, cette place et cette halle spacieuse, on est tout surpris de n'y pas trouver plus de mouvement. Ce contraste entre les grandes proportions de la ville et l'aspect désolé des rues indique que la vie s'est retirée de ce vestige de cité, qui a vu de meilleurs jours et contenu une plus nombreuse population.

Dives était autrefois divisée en deux paroisses. Celle qui a disparu s'appelait la paroisse de Saint-Sauveur. Au centre s'élevait la chapelle du même nom, construite pour recevoir le Christ miraculeux trouvé sur la côte, et dont nous parlons plus loin. Cette chapelle était à mi-côte de la propriété de M. Brébant.

Dans l'autre paroisse était l'église de Dives, une des plus remarquables de l'arrondissement de Pont-l'Évêque. Elle appartenait à un prieuré dépendant de l'abbaye de Troarn. Elle fut construite par Robert-le-Diable, duc de Normandie. Son fils Guillaume, dit la tradition, assista à la dédicace de l'édifice le 1er mai 1077. Quelques siècles après sa fondation, l'église eut besoin d'être restaurée, de telle sorte qu'elle est loin de présenter cette belle harmonie des constructions romanes de la même époque.

Elle a néanmoins la forme d'une croix, qui était la forme adoptée généralement pour les églises du onzième siècle. Les branches de la croix s'étendent du nord au midi, et la tête est figurée par le chœur tourné vers l'est.

Cette forme principale et primitive n'a pu, bien entendu, être altérée, lors des travaux de restauration au quinzième siècle. Quelques détails sont aussi restés, qui ont conservé dans toute leur pureté leur caractère roman, mais l'ensemble présente un

Portail de l'église de Dives.

tel appareil gothique qu'il est facile de reconnaître le genre qui marque la transition du quatorzième au seizième siècle, « alors qu'il s'établissait en

France, dit M. de Caumont, un système de décoration monumentale qui consistait surtout à surcharger de ciselures toutes les parties des édifices et à substituer aux colonnes et aux entablements un nombre considérable de filets et de nervures. Le dernier âge du style ogival était celui des travaux partiels, des restaurations, des retouches et des substructions. Les artistes s'attachaient particulièrement à rendre les détails d'ornement avec une extrême finesse, et, ne pouvant élever de grandes constructions, ils produisaient des morceaux d'une élégance admirable, d'une exécution éblouissante. »

Le portail, très soigneusement sculpté, appartient au temps de Louis XII. Sa façade, sauf son entablement du dix-huitième siècle, est ornée avec une grande recherche. Outre ce portail principal, il y a deux portes latérales, l'une vers le nord, l'autre vers le midi, qui ont été ouvertes pour faciliter le passage à travers l'église des nombreux pèlerins venant pour adorer la croix miraculeuse. Ces trois entrées présentent des détails délicieux qui méritent d'être examinés avec attention. Sous les corniches latérales, à l'extérieur, on retrouve des feuilles de plantes communes dans le pays, mais cette partie du monument, qui est surtout remarquable par l'effervescence, le caprice de ses nombreux ornements, est de nouveau dans un état de dégradation qui appelle de prompts travaux.

Les angles des transepts sont ornés de clochetons.

Quelques-uns manquant de rampe à la base de leur pyramide, et dont le toit est dépourvu de ciselures à jour, appartiennent au premier âge du gothique.

A l'intérieur, les chapelles latérales datent du quinzième et du seizième siècles. Les parties centrales doivent être du onzième siècle, car elles présentent des pleins cintres avec des moulures qui caractérisent cette époque.

Les rosaces sont d'une dimension considérable et ont les formes élégantes de la Renaissance, mais malheureusement elles ont perdu leurs beaux vitraux coloriés.

L'édifice est dominé par une tour à plate-forme qui conserve de notables parties romanes. Du haut de cette tour on comprend très bien le plan de l'ancienne ville; on juge facilement quel devait être autrefois le cours de la rivière et comment le mouvement des marées est devenu peu à peu insignifiant à mesure que se formait l'immense plaine de sable qui se trouve aujourd'hui entre Dives et la mer.

On conservait jadis à Dives un Christ fort ancien pêché dans la mer au onzième siècle, dit-on, et qui a disparu depuis longtemps. Des vitraux modernes, placés dans le transept nord, représentent les différents épisodes de cette légende miraculeuse. Des inscriptions imprimées, enfermées dans des cadres de chaque côté de l'autel, expliquent les scènes peintes sur les vitraux.

Voici la légende, telle qu'elle nous est parvenue :

En 1001, des pêcheurs trouvèrent un jour dans

leurs filets une statue du Saint Sauveur, en bois colorié, détachée de sa croix. Étonnés de cette capture singulière, ils tombèrent tous à genoux pour adorer l'image, à l'exception d'un seul. L'incrédule matelot, pour prouver à ses compagnons que l'objet de leur adoration n'était qu'un simple morceau de bois, frappa la statue d'un coup de hache ; mais, ô miracle ! il en jaillit du sang, et le matelot repentant se prosterna aussitôt à côté des autres. Ils revinrent à terre avec leur précieuse trouvaille, mais une vive altercation ne tarda pas à s'élever entre les pêcheurs de Dives et ceux de Cabourg qui disputaient à leurs voisins la possession du Christ. Les uns prétendaient qu'il avait été trouvé dans les eaux de Dives, les autres le revendiquaient comme pêché dans les eaux de Cabourg. La cause fut portée au bailliage de Pont-l'Évêque, qui, rivalisant de sagesse avec Salomon, ordonna que le Christ fût rejeté à la mer, et qu'il devînt la possession de celle des deux paroisses où il aborderait de nouveau. Ainsi fut-il fait, et quelques jours après, la miraculeuse image fut déposée par le flot sur le rivage de Dives.

Ce furent les Bénédictins de l'abbaye du Hibou, dont on croit reconnaître les restes dans les constructions voisines de la place du marché, qui reçurent la sainte image en « grande joye et solenpnité ».

Pour la suite de cette histoire légendaire, nous citons le texte même de l'inscription conservée dans l'église :

« Comme au dict image l'on fict trois croux qui ne lui servirent, car deux se treuvèrent trop courtes et l'autre fut treuvée trop longue.

« Comme deux ans ensuivan après l'invention du dict image par la grâce de Dieu, les dicts pêcheurs de Dives pêchèrent en la mer la croux du dict image en leur rays.

« Comme l'image et la croux furent joings ensemble pour divine fu treuvey que c'était la première croux du dict image;

« Comme par aprè que l'image fu cloué contre la croux et toute les chose susdict recognu et deubement avenu, fu élevé en croux comme voyez. »

Ce crucifix a longtemps attiré les pèlerins à Dives. On avait construit tout exprès un jubé pour le recevoir. Ce jubé fut détruit pendant les guerres de religion, au commencement du dix-septième siècle. On en a retrouvé les clefs de voûte dans la propriété de Sarlabot. C'est à la même époque que les statues de l'église ont subi les mutilations que nous déplorons aujourd'hui.

Un poète de Caen s'est emparé de cette antique légende et en a fait une pièce charmante, a laquelle il a su conserver son caractère de naïve simplicité. La voici presque en entier :

Le crucifix de Dives.

Dives pour le Sauveur est un séjour de choix.
 Je n'en veux de preuve certaine
 Que ce qu'il advint autrefois
En sa faveur... Je tiens le fait de ma marraine.

On sait que ce village est au bord de la mer :
 Aussi la pêche fournit-elle,
 Durant l'été, comme en hiver,
A ses bons habitants une moisson fidèle.

Un jour, ces mariniers trouvèrent une croix
 Qui dans leurs filets s'était prise.
 Ils étaient plus heureux qu'adroits ;
On se rend aisément compte de leur surprise !

Or, au même moment, les pêcheurs de Cabourg,
 — C'est le nom d'un prochain village —
 Dans leurs filets d'un poids plus lourd
Trouvèrent de Jésus la vénérable image.

A l'église aussitôt ce trésor fut porté :
 On lui fit faire une croix neuve,
 Bien qu'il fût déjà disputé
Par les autres pêcheurs qui gardaient la croix veuve.

Mais la croix présentée aux bras toujours tendus
 Se trouva trop large et trop haute.
 Ces premiers soins étaient perdus ;
On refit le travail ; ce fut nouvelle faute.

On avait pris mesure, et la croix maintenant
 Était trop frêle et trop petite !
 Un prodige si surprenant
Décourageait l'esprit, rendait l'âme interdite.

On essaya longtemps ; on ne put réussir,
 Malgré mille efforts inutiles,
 A rallonger, à raccourcir
Cette croix qui trompait les mains les plus habiles.

Il fallut bien céder à la divine loi,
 Si puissante et si manifeste...

On fut éclairé par la foi :
Dives favorisé l'emporta sans conteste.

Car les deux saints pasteurs, dans un songe avertis,
Mirent l'accord en cette affaire;
Et les plus rétifs convertis
Rougirent d'un débat au sujet d'un calvaire.

Le curé de Cabourg, sage et discret vieillard,
Chéri de toute la contrée,
En grande pompe, sans retard,
A Dives transporta l'image révérée.

Ce fut un long cortège, un immense concours
De seigneurs, de vassaux, de prêtres.
On accourait des alentours,
Les manœuvres, les clercs, les serviteurs, les maîtres.

Les femmes, les enfants, chantant l'*O Crux, Ave!*
Portaient des cierges, des bannières;
Le miracle était bien prouvé :
On l'avait raconté dans toutes les chaumières.

Et quand on eut posé l'image sur l'autel,
Où la croix veuve au point suprême
Se dressait, symbole immortel,
Elle alla sur le bois s'attacher d'elle-même !

Ne vous étonnez plus que ce saint crucifix
Soit nommé le Trésor de Dives :
Des vents il brave les défis,
Il apaise les flots déchaînés sur ses rives...

(Alph. Leflaguais. *Les Neustriennes*.)

Au-dessus de la porte d'entrée de l'église de Dives, à l'intérieur de la nef, est gravée la liste des principaux personnages qui accompagnèrent le duc Guillaume à la conquête de l'Angleterre. Elle comprend 475 noms et couvre plus de vingt-quatre mètres carrés. En parcourant cette liste, plus d'un lecteur retrouvera des ancêtres.

Noms des personnages les plus marquants de l'armée normande, nobles ou vilains.

Alain Fergant, comte de Bretagne.
Le sire d'Alnou.
D'Angerville.
Annervile.
Arcy.
Argenten.
Arras.
Arundell.
Asperemond.
Aubevyle.
Aubrie de Vere.
D'Auray.
Le sire d'Auvilez.
Avenel.
Bailleul.
Bardolf.
Baret.
Barry.
Basqueville.
Basset.
Baudy.
Bavent.
Beauchamp.
Beaumont.
Belhelme.
Belot.
Bernevyle.
Berteville.
Berthram.
Biard.
Bigot.

Blounte.
Blundel.
Bolebec.
Bonet.
Bonevyle.
Boudeville.
Bracy.
Breicourt.
Bretevile.
Breton.
Le sire de Breul.
Brian.
De Briqueville.
Buffard.
Bures.
Burdet.
Busseville.
Buttecourt.
Canouville.
Cantelou.
Carbonell.
Champeney.
Chancy.
Chartres.
Chaucer.
Chaumount
Chaundos.
Clermoun..
Clinchamr
Clyfford.
Colet.
Colleville.

Constable.
Corbet.
Corby.
Coucy.
Courcy.
Courtenay.
Courteville.
Crespin.
Cressy.
Crievecoer.
Cussy.
Daniel.
Darcy.
Deauvile.
Delahay.
Des Molins.
Le sire Des Pins.
Deyncourt.
Disard.
Divry.
Downfrevyle.
Driencort.
Le sire de Dunebek.
Durant.
Eugenau de Laigle.
Estrange.
Eymery, vicomte de Thouars.
Henri de Ferrières.
Le sire de la Ferté.
Filiol.
Fitz-Brian.
Fitz-Herbert.
Fitz-Raynald.
Fitz-Robert.
Fitz-Roger.
Folville.
Le sire de Fontenec.
Fornyvaus.
Frevile.
Raoul de Gail.
Gascoyne.
Gautier Giffart.
Giffrei, évêque de Coutances.
Gilbert d'Asnières.

Le sire de Gloz.
Graungers.
Gray.
Grevyle.
Hamelyn.
Harcourt.
Hardel.
Hasting.
Hautevyle.
Héricy.
Houdetot.
Huc de Gornai.
Hugh de Bullebek.
Hurel.
Janvile.
Jarden.
Karron.
Le sire de Lacye.
William Patrick de La Lande.
De La Plancin.
De La Plaunche.
De La Pole.
De La Vere.
De La Valot.
Latymer.
Lindsey.
De L'Isle.
Longchamp.
Longvil.
Lotorel.
Luce de Bolebec.
Lucy.
Le sire de Magneville.
Mainard.
Malebranche.
Maleherbe.
Maleville.
Mallet de Granville.
Malory.
De La Marche.
Marre.
Marmion Le Veil.
Martine.
Maubank.

Mauclerk.
Mauduit.
Maugier.
Maundeville.
Menneville.
Mesni-le-Villers.
Le sire de Montichot.
Montagu.
Montgomeri.
Morell.
Mortain.
Mortimer.
Morton.
Le sire de Moubray.
Mountfort.
Mounpinson.
Musard.
Musgrave.
Nereville.
Neumarche.
Nevile.
Norton.
Onfrei le Vieil.
Ounfravyle.
Oysell.
Le sire de Pacie.
Percy.
Perot.
Picard.
Placy.
Pomeray.
Power.
Quincy.
Raoul de Conches.
Reynevil.
Richmond.
Rivers.
Rocheford.
Russel.

Sageville.
Saint-Albine.
Saint-Amand.
Seint-Aubyn.
Sainte-Barbe.
Le sire de Sainte-Clere.
Soint-Germain.
Soint-Léger.
Le sire de Saint-Martin.
Seint-Omer.
Seint-Walry.
Le sire de Semillie.
Le sire de Solignie.
Sorel.
Spenser.
Stokes.
Taillefer.
Taisson de Cinquelois.
Talbot.
Tancarville.
Tirell.
Tostein.
Touchet.
Tourbeville.
Tournebu.
Tracy.
Treville.
Turvile.
Umfréville.
Valeris.
Vavasor.
Venables.
Verny.
Le sire de Vitric.
Wace.
De la War.
Waren.
Wateville.
Wiestace d'Abeville.

C'est le 17 août 1862 que cette liste fut inaugurée. Une année auparavant, le 18 août 1861, avait eu lieu l'inauguration de la borne monumentale érigée en mémoire du rassemblement de la flotte de Guillaume dans le port de Dives. C'est M. de Caumont qui fit les frais de ce bloc de pierre.

Il y avait jadis à Dives « l'abéie de Ma Dame Sainte Marie »; il n'en reste aucune trace aujourd'hui.

Près du portail de l'église, s'élèvent deux ifs au feuillage sombre, tels qu'il y en a dans beaucoup de cimetières de la contrée, à Hérouvillette entre autres, où l'if est d'une grosseur remarquable. Cet usage de planter des ifs dans les cimetières doit remonter à une haute antiquité. Il faut probablement y voir un vestige des idées païennes, dont les populations de la Gaule ne s'étaient pas complètement dépouillées, même longtemps après leur conversion au christianisme.

Après l'église de Dives, il reste à visiter la Halle, l'ancienne Gendarmerie et l'Hostellerie Guillaume le Conquérant.

La Halle ne manque pas d'intérêt. La partie la moins ancienne remonte au seizième siècle. Les dix travées, mieux construites, qui composaient la halle primitive, datent du moyen âge. C'est surtout le samedi qu'elle présente un aspect curieux, lorsque les gens de la campagne, marchandes de beurre, de fromage ou d'œufs, viennent former la haie à l'extrémité sud de l'immense hangar, et qu'à l'extérieur se rangent les femmes des herbagers de la vallée avec leurs dindons, leurs canards, leurs poulets ou leurs fruits, selon la saison, pendant qu'autour d'elles circulent les élégantes ménagères de Cabourg, de Beuzeval ou de Houlgate, venues pour faire leurs provisions de la semaine. C'est un vrai régal de peintre, et certain artiste du crû, que nous ne nommerons pas, a plus d'une fois profité de l'occasion pour nous servir aux dernières expositions quelque plat gras et friand, très goûté des amateurs.

La Halle de Dives.

Dans une cour qui fait face à la Halle, sur la place du marché, se trouve l'ancienne Gendarmerie. C'est une construction du dix-septième siècle; sur la clef de voûte de l'arcade de la porte d'entrée, on lit encore la date 1695. On suppose que c'était un ancien prieuré, mais aucune preuve ne confirme cette attribution. Il y a plutôt lieu de croire que c'était une habitation seigneuriale, car des écussons sculptés sur une cheminée qui date du siècle de Louis XIV, semblent se rapporter à un seigneur et à sa dame.

L'Hostellerie Guillaume le Conquérant appartient à plusieurs époques, comme l'Église elle-même et la Halle. Les premières constructions datent, dit-on, du temps du duc Guillaume. On a retrouvé, dans les jardins, des restes d'anciennes meurtrières

Ancienne gendarmerie de Dives.

et des chapiteaux du onzième siècle. Ce manoir, qui a peut-être servi de pied-à-terre au fils de la belle Harlette, devint une gentilhommière au commencement du seizième siècle. C'était la résidence de la famille de Michel de Semilly, seigneur de Dives et de Bernières. Les de Semilly devaient être depuis longtemps dans le pays, car on retrouve un de leurs ancêtres dans la liste des seigneurs normands qui accompagnèrent le duc Guillaume en Angleterre.

Dans la première moitié du dix-septième siècle, ce vieux manoir fut acheté par la famille des propriétaires actuels et devint une maîtrise de la poste de Caen à Rouen.

Plusieurs hôtes illustres ont séjourné dans l'Hostellerie. Madame de Sévigné s'y arrêta, lorsqu'elle

L'Hostellerie Guillaume le Conquérant.

se rendait en Bretagne; elle occupa la chambre de la Pucelle, ainsi appelée parce qu'au temps des de Semilly, c'était la chambre de la Demoiselle. Madame de Sévigné dit un mot de son court séjour à Dives dans une lettre adressée de Caen à sa fille, le 5 mai 1689 :

« Nous avons été sur les bords de la mer à Dives, où nous avons couché : ce pays est très beau, et

Caen la plus jolie ville, la plus avenante, la plus gaie, la mieux située; les plus belles rues, les plus beaux bâtiments, les plus belles églises; des prairies, des promenades, et enfin la source de tous nos plus beaux esprits : j'en suis charmée. » — (Édition Hachette, 1862.)

Il y a dans l'Hostellerie deux salles qui excitent la

Cour de l'Hostellerie.

curiosité des touristes : la *Salle de la Pucelle*, et la *Salle des Marmousets*. Cette dernière salle doit son nom aux marmousets placés sous les poutres et en corbeaux de chaque côté d'une cheminée monumentale. Dans ces deux salles, les meubles et les vitraux, les vieilles faïences, les objets de toutes sortes qui ornent les lambris sculptés, ont été choisis et disposés avec un soin scrupuleux pour donner au visiteur l'illusion d'un âge si éloigné de nous.

La batterie de cuisine est également curieuse. Elle a appartenu, paraît-il, à une corvette française *la Confiance*, qui fut brûlée dans les eaux de la Dives, sous Napoléon Ier, par une escadre anglaise. Les pièces les plus remarquables sont une grande marmite et des moules à pâtisserie en vieux cuivre. La bombe qui sert de poids au tournebroche a aussi son dossier historique : elle a été ramassée dans la cour de l'Hostellerie lors du bombardement de Dives par les Anglais.

Ce ne sont pas là les seuls grands souvenirs qui se rattachent à l'histoire de Dives, depuis la conquête de l'Angleterre. Henri V d'Angleterre, débarqué à Touques le 1er août 1417, après avoir pris Bonneville et manqué Honfleur, marcha sur Caen, et gagna Dives où il vint coucher, le 13 août. En 1562, l'amiral de Coligny avec sa troupe saccagea la côte de Dives, où lui arriva un secours de soldats anglais.

Deux rois de France y séjournèrent plus tard, dans leur voyage de Rouen à Caen, et lui rendirent momentanément un peu de son animation des jours passés. Le 13 septembre 1603, Henri IV s'y arrêta, pour s'y reposer de ses fatigues et se remettre de certain malaise dont il souffrait depuis plusieurs jours : « Le Roy fut malade en ce temps d'un grand devoiement jusques au sang, que les médecins disaient provenir de trop d'huîtres à l'escaille qu'il avait mangées. » (*Journal de Lestoile*, sept. 1603). C'est de

Dives qu'il écrivit à François Miron (lieutenant civil et prévôt des marchands, à qui Paris doit la belle façade de l'Hôtel de Ville qu'il fit construire à ses frais), pour lui donner l'ordre de faire arrêter Robert Basset qui complotait contre le roi d'Angleterre.

En juillet 1620, un hôte non moins illustre, le roi Louis XIII, accompagné du prince de Condé, faisait halte à Dives. Il était allé à Rouen pour faire reconnaître son autorité aux grands qui s'étaient révoltés en faveur de la reine-mère, Marie de Médicis, et se rendait à Caen, où il allait être reçu en triomphe. « Le quatorzième (de juillet), le Roy disna à Honfleur, et nonobstant le péril qu'on lui proposa de passer le long de la mer, qui, en quelques endroits, est très périlleuse à cause des marées et des lieux inaccessibles qui se trouvent sur les chemins, il en méprisa les hasards et s'en vint coucher à Dives, qui est sur un bras de la mer. » (*Archives curieuses de l'histoire de France.*)

BEUZEVAL-HOULGATE

Beuzeval portait au moyen âge le nom de *Bosa-vallis* : les uns donnent à ce nom le sens de vallée des bœufs, *Bos-vallis*; d'autres lui attribuent pour origine un nom d'homme, *Bose*, d'où vient vraisem-

Chaumière normande à Beuzeval.

blablement un autre dérivé, commun en Normandie, *Beuselin*. L'ancien village consiste, comme la plupart des hameaux du pays d'Auge, en maisons d'herbagers, entourées de haies et éparses dans la prairie ou sur les flancs de la montagne. L'église, que l'on vient de démolir, était située sur la croupe des coteaux qui enserrent la vallée. Elle était très ancienne et remontait à la fin du douzième siècle.

Le nouveau Beuzeval, ou Beuzeval-les-Bains, s'étend sur la rive gauche du douet Drauchon, qui se jette dans la mer en face de la chapelle protestante. Sa population est d'environ 658 habitants. Dans la saison des bains, elle se compose de familles bourgeoises, paisibles et modestes, pour la plupart protestantes, que gênent le mouvement et le luxe des plages voisines.

Beuzeval a eu une origine très humble. Il y a quarante ans, cette petite commune ne payait que 8 000 francs de contributions environ. En 1881, elle en a payé plus de 41 000. En 1835, elle n'avait pas une seule route carrossable pour aller à Dives. Il fallait passer péniblement par la vieille route allant de l'église de Beuzeval à Dives en gravissant la Butte de Caumont, ou bien suivre la plage à marée basse, et franchir, mais non sans danger, le Mauvais Pas, à l'endroit où passe aujourd'hui la nouvelle ligne de chemin de fer.

Maintenant la commune de Beuzeval est traversée par le chemin de grande communication de Honfleur à Caen, qui remplace l'ancien chemin de France, dont on retrouve les restes dans Houlgate même, près du Sémaphore, sur le plateau d'Auberville, et à Villers-sur-mer.

Une autre route remonte le val du Drauchon, et forme une des plus jolies promenades des environs.

Enfin elle est traversée par le chemin de fer de Dives à Deauville ; elle a une station, un bureau de poste et le télégraphe. Tous ces changements, cette rapide prospérité, c'est aux bains de mer et aux attraits de nos plages qu'il faut les attribuer.

Sur la rive droite du Drauchon, qui sur le cadastre portait la dénomination de Butte de Houl-

Le douet Drauchon à Beuzeval.

gate, il n'y avait en 1835 qu'une métairie, à l'endroit où s'élève l'élégante villa Beauvoir, et deux abris pour les bestiaux, plus trois ou quatre maisons près de la rivière. Il y a quelques années, on voyait encore, au bout du talus et sur le bord du douet, une basse maisonnette en pierres, couverte de tuiles, qui servait de corps de garde à quelques artilleurs, et à côté, une redoute. C'était l'ancienne batterie de Bouzeval qui, à différentes époques, avait servi à défendre notre côte souvent menacée par les Anglais. Redoute et maisonnette ont été démolies dans ces derniers temps.

Le moulin Landry à Bouzeval.

La rive gauche, dénommée sur le cadastre Butte de Caumont, était plus peuplée. Sur le rivage même, près de l'embouchure du douet, se trouvait le hameau de la Mer, qui subsiste encore; le vieux et pittoresque moulin Landry, et plusieurs autres habitations de pêcheurs et de petits herbagers, ainsi qu'une tuilerie sur l'emplacement de laquelle passe la nouvelle ligne de chemin de fer.

Plusieurs familles des environs, de Caen surtout, s'installant dans les maisons des habitants, fondèrent la station balnéaire de la rive gauche du Drauchon, qui fut appelée par les ingénieurs

Plage de Beuzeval.

géographes *Beuzeval-les-Bains*, pour qu'on pût la distinguer du chef-lieu géographique de la commune, l'ancien Beuzeval. En 1849, un professeur de Paris, M. Wiesener, vint passer ses vacances à Beuzeval; il s'en retourna enchanté du trop court séjour qu'il y avait fait. L'année suivante, M. Haussard, professeur d'histoire au lycée Charlemagne et critique d'art au National, séduit par les descriptions enthousiastes de son collègue, acheta un terrain, et la première villa fut construite. Après lui vint le peintre Léon Belly.

Sur l'autre rive du douet, ce fut M. Jouvet qui se fixa des premiers dans ces parages. Frappé de la beauté de la plage et de la situation pittoresque de la Butte de Houlgate, il s'entendit avec plusieurs de ses amis, forma une société, et acheta une vaste étendue de pâturages et de dunes dans le voisinage de la mer. Un des sociétaires, M. Vergniolles père, fit construire l'hôtel (1860). M. Jouvet traça lui-même toutes les avenues, fit planter des arbres, et bâtir le Casino. Les villas se groupèrent rapidement et cette station balnéaire prit tout naturellement le nom de l'emplacement sur lequel elle se développait, celui de *Houlgate-sur-mer*.

Beuzeval-les-Bains et Houlgate-sur-mer ne sont pas des communes distinctes; ce sont deux sœurs nées de la petite commune de Beuzeval, mais maintenant plus belles et plus riches que leur mère. Elles sont séparées par le douet Drauchon qui coule entre les deux localités, comme la Dives entre la haute Normandie et la basse Normandie.

Houlgate ne cesse de s'agrandir; chaque année, il s'enrichit de quelque beau châlet, dû à l'imagination de M. Baumier, de Caen. Parmi les plus élégantes villas, on peut citer la villa Roblot, près de la route, en face de l'église protestante; le châlet des Mouettes, sur le bord de la mer, à M. Weyher; la villa Desmarets; la villa de Crisenoy; la villa Roquebert ; la villa Beauveau, et sa voisine la villa Bourdon ; enfin la villa Beauvoir, entourée d'un véritable parc.

A peu de distance de la nouvelle route, une grande église se construit ; elle est bâtie en briques et pierres. Une partie seulement est achevée et déjà ouverte au culte ; le reste se fera à mesure que les fonds seront réunis. Un peu plus loin, en montant, un grand bâtiment comprend la mairie, la poste, le télégraphe, l'école.

Les hôtels sont au nombre de quatre : le Grand Hotel, qui est en voie d'agrandissement ; l'Hotel Beau-séjour ; l'Hotel de Paris ; et l'Hôtel Prunier, qui est plutôt une maison de famille.

Houlgate est une des plus jolies stations balnéaires de la côte normande. Il y en a peu qui lui soient comparables. La plage y est très belle ; le sable, d'une finesse extrême, à croire qu'il est tamisé chaque matin afin d'être plus doux aux pieds de ses nobles baigneuses ; à l'époque des grandes marées, il s'étend à perte de vue. Avec ces avantages, Houlgate a le privilège d'être entouré de verdure ; les châlets disparaissent sous le feuillage des plantes grimpantes. Aux balcons gracieusement découpés, les clématites, les vignes vierges, les jasmins de Virginie, suspendent leurs fraîches lianes et entourent les fenêtres de leurs légères guirlandes.

La population balnéaire se compose d'un certain nombre de familles nobles ou très riches, qui occupent leurs propres villas et se mêlent peu à la foule des baigneurs étrangers. Aussi le casino, malgré tous les agréments qu'il peut offrir, est-il peu fréquenté. C'est à peine si les élégantes propriétaires de ces beaux châlets descendent sur la plage. L'après-midi, elles font toilette et sortent en voiture ou vont rendre des visites. Tantôt leurs rapides équipages font voler la poussière sur la route de Dives ou de Cabourg, suivis de jeunes cavaliers bien montés; tantôt toute la petite famille, hissée sur des bourriquets, s'en va en cavalcade à la queue leu leu, pendant que la mère ou la grande demoiselle conduit une légère carriole attelée d'un poney.

Beuzeval-les-Bains se développe sur les hauteurs de Caumont où se sont élevées, dans ces dernières années, de jolies habitations, ainsi que dans la fraîche vallée du Drauchon. Bientôt de nouvelles avenues vont s'ouvrir entre la gare et la route du Manoir; elles seront bordées de coquettes villas. Le chemin de fer, construit sur pilotis dans la section qui borde la plage, est précédé, du côté de la mer, d'une digue en pierres et briques qui fait une agréable promenade. Un nouvel établissement de bains va s'élever près de la plage. Les plans dressés par M. Singery, architecte de Paris, sont de la plus heureuse conception. Salon de lecture, tente-abri, bains chauds, tout a été prévu. Les fonds ont été souscrits, et les travaux seront promptement exécutés. Il ne manquera plus rien à Beuzeval pour satisfaire aux exigences de sa population balnéaire toujours croissante.

Enfin la jetée qui borde le chemin de fer, prolongée jusqu'au Casino de Houlgate par un bâti en bois de plus de 800 mètres de longueur, offrira un promenoir accessible par tous les temps, et qui ne sera pas la moindre attraction de cette charmante localité.

Il y a trois hôtels à Beuzeval : l'Hotel Imbert, dont la réputation est établie depuis longtemps; l'Hotel de la Mer, et l'Hotel de la Plage.

La Maison Évangélique reçoit quelques familles protestantes à des conditions très modérées.

ITINÉRAIRES DE PROMENADES

PREMIER ITINÉRAIRE

De Houlgate à Cabourg par Beuzeval et Dives.

Les environs de Houlgate sont ravissants. De quelque côté qu'on se dirige, on est assuré de trouver des sites pittoresques et variés, et de faire d'agréables promenades, à pied ou en voiture.

La première idée qui vient à l'esprit, c'est d'aller à Cabourg en passant par Beuzeval et Dives. Que la route soit couverte de poussière ou de boue, le chemin est toujours bon jusqu'au port de Dives, car on peut suivre la superbe digue qui a été élevée le long de la voie ferrée. A l'embouchure de la rivière, un passeur, qui stationne sur l'une ou l'autre rive depuis le lever du soleil jusqu'au coucher, prend dans sa barque les personnes qui préfèrent gagner directement la plage de Cabourg par la pointe et la grève, pour revenir ensuite par Dives et Beuzeval. Depuis une année, un petit tramway a été installé sur le sable de la Pointe et transporte jusqu'aux premières maisons de Cabourg les promeneurs que fatigue la marche dans les sables.

Au lieu de traverser la Dives, on peut prendre le chemin qui longe le Châlet des Roses, à droite, en face de la villa Brébant, et suivre le bord de la rivière jusqu'au pont, ou prendre la grand'route. A droite, le petit port de Dives ; à gauche, sur le haut de la falaise, le château du comte Foucher de Careil, sénateur de Seine-et-Marne, et au-dessous, à mi-côte, la charmante maison normande de M. Brébant. Aux premières maisons de Dives, on prend la rue à gauche qui mène à la place du marché, où s'élève la vieille Halle, digne de remarque.

On jettera en même temps un coup d'œil sur l'ancienne Gendarmerie, dans une cour en face de la Halle, et l'on visitera l'église, très intéressante. Enfin on verra l'Hostellerie Guillaume le Conquérant et les curieuses salles à manger, si toutefois elles ne sont pas occupées.

On poursuivra sa route jusqu'à Cabourg, laissant à droite la mairie de Dives, et plus loin la nouvelle gendarmerie, puis à gauche la gare de Cabourg. On traversera le pont, et prenant la première avenue d'arbres à droite, on se rendra droit au Grand-Hôtel de la Plage. On pourra revenir par la Pointe de Cabourg et traverser la Dives en bateau.

DEUXIÈME ITINÉRAIRE
De Houlgate à la colonne de Guillaume le Conquérant.

Cette excursion ne peut se faire qu'à pied ; les chemins sont trop abrupts pour être accessibles aux ânes ou aux voitures.

On prend, au milieu de Beuzeval-les-Bains, la route de Caumont. On passe devant la belle villa de M. Richemont, qui n'est séparée du bord de la falaise que par une faible distance, et laissant à gauche la nouvelle route, on suit le sentier de piétons jusqu'à la colonne (style officiel) ou, en langage plus exact, jusqu'à la borne monumentale ($2^m,50$ de hauteur sur $0^m,40$ de diamètre) élevée en souvenir du départ de Guillaume le Bâtard pour la conquête de l'Angleterre.

De cette hauteur, la vue est superbe. On a devant soi l'embouchure de la Dives, et Cabourg avec sa ceinture d'arbres verts ; à droite Houlgate ; au bout de l'horizon, le Havre, et de tous côtés la pleine mer tachetée de petites voiles blanches.

Pour revenir par Dives, il faut redescendre jusqu'à la route neuve, et gravir la pente du coteau de

Caumont en longeant le parc. A mesure qu'on s'élève, on découvre des points de vue variés et nombreux, et tous les détails de ces vallons verdoyants, couverts de pommiers, d'où émergent quelques toits rouges, apparaissent plus distincts et plus riants. Par malheur, la route nouvelle n'est achevée que sur la commune de Beuzeval. Arrivé au faîte de la colline, on est dédommagé de sa fatigue par un spectacle admirable. Le panorama s'étend à perte de vue sur toute la vallée. Çà et là se dressent les clochers des villages voisins, Robehomme, Bavent, Ouistreham ; on peut même entrevoir les flèches des églises de Caen, lorsque l'air est pur et limpide.

On descendra ensuite la route sinueuse de la Corniche, qui donne de nouvelles échappées sur la mer, et on reviendra par Dives.

TROISIÈME ITINÉRAIRE

De Houlgate à l'église de Trousseauville, au château de Dramard, et au château de Sarlabot.

La vieille église en ruines de Trousseauville est située sur la hauteur qui domine le vallon du Drauchon. Pour s'y rendre, il faut suivre la même route que dans la promenade précédente ; seulement au point de jonction de la route neuve avec la route de

Dives, on devra continuer la marche ascendante sur la grand'route jusqu'à 500 mètres environ de là. On trouvera sur la gauche un chemin creux, bordé de buissons et de ronces, presque toujours boueux,

La vieille église de Trousseauville.

et qui n'est solide au pied qu'après plusieurs jours de sécheresse. On arrive par là à la pauvre église toute délabrée.

Elle paraît remonter au douzième siècle. Le clocher en charpente était à base carrée, avec pyramide à pans coupés, recouverte d'essentes. Le vent l'a abattu il y a plusieurs années. Le chœur était de l'époque romane. Ses murs sont envahis par

Ruines de l'église de Trousseauville.

des lierres, des viornes et des coudriers. L'intérieur est complètement dévasté. Il n'y a plus trace d'autel. Les murs sont lézardés, les voûtes effrondrées,

La paroisse a été depuis longtemps supprimée et réunie à Dives. Quant au village lui-même, il se compose de quelques maisons éparses, situées sur le penchant de la colline. Il a dû avoir une certaine importance autrefois et, comme la plupart des villages de la région, avoir ses seigneurs et son domaine, car on retrouve parmi les compagnons du duc Robert Courte-Heuse, à la première croisade, les seigneurs Henry et Jean de Trousseauville.

Une végétation luxuriante a pris possession de ce coteau abrupt; l'herbe, drue et vigoureuse, y forme un moelleux tapis; les arbres s'y portent à ravir et abritent volontiers le sommeil du promeneur ou la collation des enfants. Pour revenir il faut se fier au hasard, descendre à travers les pâturages (éviter avec soin la rencontre des bœufs qui aiment à ruminer en paix), et rejoindre la petite route du Manoir ou de la vallée. Quelque direction que l'on prenne, on est toujours sûr de trouver son chemin en descendant, aussi est-il préférable de monter par la route et de revenir par le vallon. Cette promenade, très agréable et féconde en incidents, ne doit être tentée, nous le répétons, qu'après plusieurs jours de beau temps et de chaleur.

En suivant directement la grand'route, au lieu de prendre le chemin de gauche qui conduit à l'église en ruines, on arrive à un autre chemin également à gauche et à 1200 mètres environ du premier, qui conduit au château de Dramard. La route est bonne ; c'est donc une promenade qu'on peut faire par tous les temps. Pour revenir à Houlgate, on descend directement à travers les herbages, jusqu'à ce que l'on ait rejoint la route du Manoir.

Dans les mêmes parages se trouve le château de Sarlabot, qui mérite d'être visité ; à gauche sur la route une pompe manœuvrée par un moulin à vent ; en face un rond-point d'où part une avenue en pente ; au bout de l'avenue à droite, l'habitation du propriétaire, M. Balvay. A gauche, les écuries et dépendances ; au-dessous de la terrasse, les pâturages, où paissent ces fameux trotteurs tant de fois couronnés sur les hippodromes du département.

QUATRIÈME ITINÉRAIRE
De Houlgate au manoir de Beuzeval, etc.

Le Manoir de Beuzeval est un superbe château bâti dans le style gothique anglais au milieu d'un vaste parc. Il appartient à M. Lecesne, du Havre. Rien ne manque à l'agrément de cette vaste propriété, étangs, écuries bien installées, jardin potager productif, etc.

Sur l'emplacement qu'occupent les constructions actuelles s'élevait autrefois un manoir dont il ne reste plus que quelques vestiges, un puits dissimulé dans un massif et un caveau. Ce manoir datait du dix-septième siècle. C'était la demeure féodale des seigneurs de Beuzeval. Elle était élevée sur la contrescarpe des fossés d'une motte spacieuse qui n'a pas moins de deux cents pas de circonférence à son sommet. Elle est à peu près circulaire, aplanie à sa surface, et élevée au-dessus du fond des fossés de douze pieds environ. Vers le midi, on voit encore un massif de maçonnerie. C'était, dit-on, la pile d'un pont servant à franchir un fossé rempli par les eaux d'un petit ruisseau dont la source est à quelques pas plus loin et que retient le barrage d'un ancien moulin.

De l'autre côté de la route, sur le versant qui fait face au Manoir, se trouve la Ferme, établissement modèle où l'on pourra visiter une laiterie parfaitement organisée. On y fait un beurre excellent, qui ne le cède en rien à celui d'Isigny.

On accède au Manoir par la route de Houlgate à Trouville. Il faut, pour entrer dans la propriété, s'adresser à la loge du jardinier. On peut revenir par la route de la vallée qui passe à l'extrémité opposée.

Bien avant d'arriver au Manoir par la route de Trouville, on passe devant une autre propriété, fort belle aussi, à main droite, et dont on n'aperçoit, de la route, que les murs couverts de vigne vierge. C'est la villa Stéphanie, vaste châlet construit depuis quelques années seulement sur les bords du Drauchon. Il y avait autrefois en cet endroit un moulin, dont le bief a servi à former une pièce d'eau. On peut entrer dans la propriété soit par la route de Trouville, soit par celle du Manoir. Cette villa, d'une contenance de 40 000 mètres, est à vendre aujourd'hui.

Si l'on continue de gravir la côte du Manoir par la route de Trouville, on arrive à un point où viennent s'embrancher plusieurs chemins, et on aperçoit un petit bois de sapins avec une cabane en planches qui semble avoir été construite, comme l'arche de Noé, par ceux-là mêmes qui l'habitent. A cent mètres de là se trouve la grille d'entrée du domaine de Tolleville, dans le fond d'un vallon que traverse la nouvelle ligne du chemin de fer. Çà et là émergent des toits d'ardoise ou de tuile. C'est un centre d'exploitation agricole assez considérable. Autour d'une vaste cour, des granges, des vacheries, etc. Au milieu, une habitation confortable. Autour de la propriété, des arbres, des pâturages, sans autre habitation.

CINQUIÈME ITINÉRAIRE

La vieille église de Beuzeval, la source Pagné, le Sémaphore.

La promenade qu'indique ce titre est facile et intéressante.

Deux chemins conduisent au Sémaphore. Le

chemin direct, qui n'est autre que l'ancien grand chemin de France, actuellement recouvert en plusieurs endroits par les éboulements de la falaise et réduit à l'état de sentier étroit et difficile, mène au bois de sapins, qu'il faut longer. On contourne ensuite le châlet Delcrot, fièrement planté sur une croupe de la falaise, et l'on arrive bientôt au Sémaphore. De ce point élevé, on jouit d'une vue admirable, de quelque côté qu'on se tourne.

L'autre chemin, plus long, est moins pénible et plus attrayant. On prend, derrière les écuries du Grand-Hôtel, la rue des Degrés. On arrive à l'entrée du bois de sapins, le bois de Boulogne de Houlgate. A droite se trouve le réservoir alimenté par la source Pagné, qui fournit une eau délicieuse à Houlgate et même à Beuzeval-les-Bains ; à gauche, une petite plate-forme avec des bancs. De tous côtés, la vue est magnifique. Après quelques instants de repos, on pénètre dans le bois, percé d'allées sinueuses bien dessinées qui, pendant les chaleurs de l'été, offrent le plus frais ombrage. On a tout prévu pour l'agrément des promeneurs ; un abri, des bancs, des massifs de rosiers, et à quelque distance, un petit étang, auquel il ne manque que de l'eau pour ne pas être à sec, aurait dit dans son temps M. de la Palisse. On en fait le tour en suivant un chemin montueux, et en sortant du bois, on tombe dans un petit sentier qui conduit à un plateau assez élevé. De ce point, on jouit d'une des plus belles vues que l'on puisse imaginer. Du côté gauche, on aperçoit toute la vallée accidentée du Drauchon, la butte de Caumont surmontée de son château aux blanches murailles, et l'embouchure de la Dives, Cabourg qui s'allonge sur sa plage sablonneuse, toute la côte opposée que l'on distingue très nettement, lorsque le temps est clair, et enfin la pleine mer. Après avoir contourné les crêtes des falaises, on arrive au Sémaphore, assez curieux à visiter.

En quittant le Sémaphore, on reprend l'ancien grand chemin de France qui a conservé une partie de sa largeur, mais n'est pas entretenu. On laisse à droite un premier chemin; il ramènerait sur la côte qui domine la route de Trouville. A ce point il faut entrer dans un champ, car la voie ordinaire est complètement défoncée et impraticable; on la reprend un peu plus loin. A 750 mètres environ, on trouve, avant le Carrefour aux Troux, un très bon chemin à droite, c'est celui qu'il faut prendre.

A 200 mètres plus loin, et encore à droite, se présente un chemin couvert de verdure qui conduit directement à la source Pagné, mais il n'est accessible qu'aux piétons solides, car il sert de ravin. Mieux vaut suivre le bon chemin qui mène en plein pays de blé. On passe devant l'établissement agricole de M. Mioc. La maison d'habitation est moderne et confortable; les bâtiments d'exploitation sont vastes; la cour plantée forme un pâturage spacieux, à côté duquel s'étendent des pièces cultivées.

On arrive bientôt au carrefour de Boulleville. Le

chemin de gauche va rejoindre la route de Trouville au carrefour d'Aize ; le chemin du bois, en face, conduit à la nouvelle ferme du Manoir; le chemin de droite descend à la vieille église de Beuzeval; c'est ce dernier qu'on choisira. Il aboutit à un second carrefour : le chemin de gauche mène aux pâturages, en passant devant une ancienne maison en pierre de taille. A l'angle de ce chemin se trouve le cimetière dans lequel s'élevait la vénérable église de Beuzeval. Elle vient d'être démolie. Les matériaux en ont été vendus et vont servir à la construction d'une école. C'est un souvenir qui va s'effacer. C'est un anneau de brisé à la chaîne qui nous relie au passé. Dans ce petit village qui se trouvera absorbé graduellement par la colonie nouvelle, il ne restait que ce seul vestige des siècles précédents, et le voilà anéanti ! Pourtant elle était bien intéressante, cette modeste église de campagne cachée dans les arbres, et entourée de son cimetière abandonné ! Elle remontait à la fin du douzième siècle. Son portail en pierre était flanqué de quatre contreforts, que précédait un porche voûté en ogive, et surmonté par une galerie en pierre aux extrémités

Ancienne église de Beuzeval.

de laquelle s'élevaient deux clochetons. Il va, dit-on, être conservé pour servir d'entrée au cimetière : ce serait une heureuse idée.

Le clocher était moderne, avec une calotte sphérique. La vue dont on jouit de ce petit endroit s'étend bien loin sur toute la vallée et le rivage jusqu'à Ouistreham.

Le chemin en face ramène à la route de Trouville; celui de droite conduit à la source Pagné. C'est un des plus jolis chemins que l'on puisse trouver; il est horizontal et suit les sinuosités du terrain entre de verdoyants pâturages ombragés par des haies de grands arbres.

La source Pagné a été entourée de murs; elle alimente le grand réservoir de Houlgate, au moyen de conduites souterraines. Rien de plus frais ni de plus agreste que ce fond de vallon. Pour revenir, il faudra reprendre le même chemin jusqu'à Beuzeval, et descendre à la route de Trouville. Les promeneurs de Beuzeval-les-Bains pourront traverser la vallée et gagner la petite route du Manoir.

SIXIÈME ITINÉRAIRE

De Houlgate à Auberville, le Désert, le Chaos, Villers-sur-Mer, les Vaches-Noires.

Le Désert et le Chaos se trouvent à la suite l'un de l'autre. Ce sont deux grands glissements de falaise, de 20 à 30 mètres de profondeur, qui ont formé une sorte de vaste degré du côté de la mer. Le sol est tout bouleversé. D'énormes blocs de roche calcaire, d'horizontaux qu'ils étaient, depuis leur formation géologique, sont devenus perpendiculaires. Une puissante végétation a surgi de toutes ces terres remuées et recouvert ces ruines naturelles. La flore y est très variée; à cette altitude de 120 mètres environ, la vue s'étend fort loin sur la mer et sur les falaises du Hâvre, à droite. Le Désert commence un peu à l'ouest et en avant d'Auberville. Il a de 1000 à 1500 mètres de longueur. Puis commence le Chaos qui se termine à Villers.

C'est une promenade que l'on peut faire à pied et à âne. On s'y rend par le Sémaphore; arrivé au carrefour aux Troux, on prend le chemin à gauche, et non celui de droite qui conduirait à la route de Trouville. On retrouve bientôt dans toute sa largeur l'ancien grand chemin, et à un kilomètre environ, on suit un sentier à gauche qui mène à un petit bois au bas duquel se trouvait une source, aujourd'hui envasée, où il s'est fait plus d'un joyeux déjeuner. A cent mètres au plus du chemin, on tourne brusquement à gauche, puis à droite; on passe devant des maisons normandes, coquettement palissées de poiriers chargés de fruits. Un peu plus loin, on rejoint le chemin carrossable qui conduit de Trouville à Auberville. En le suivant, on arrive bientôt à la vieille église, tout entourée de verdure.

On peut aboutir au même point avec une voiture, en suivant directement la route de Trouville jusqu'à l'auberge de Ma Campagne, car c'est un peu avant cet endroit que le chemin d'Auberville rejoint la route. Pour aller au Désert, on traverse un pâturage planté de pommiers, et on débouche dans un sentier assez difficile au pied, qui descend jusqu'au Désert.

Si l'on veut visiter le Chaos et pousser jusqu'à Villers, on suit l'ancien grand chemin, tellement rétréci aujourd'hui par les riverains de droite et de gauche qu'il n'est plus qu'un étroit sentier.

Un chemin à gauche, à peine tracé, conduit au Chaos. Il s'enfonce dans une tranchée surmontée de haies touffues et descend rapidement entre deux berges tapissées de lierre et de fougères.

En sortant du couvert, on se trouve tout près d'une construction extrêmement ancienne qui était, dit-on, une Commanderie du temple. La structure des murailles, les échiquiers formés de petits cubes de pierres de grève, comme à l'Hostellerie Guillaume-le-Conquérant, attestent que les constructions remontent à une époque aussi reculée.

A quelques pas de là, on entre dans un nouveau monde : c'est le haut de Villers avec ses coquettes villas étagées sur la pente du coteau.

Si l'heure de la marée le permet, on peut revenir à pied par la plage. En bien des endroits, le sable battu par le flot est ferme et résiste au pied. On traverse les Vaches-Noires. Ce sont des quartiers de roches calcaires, riches en fossiles, éboulés de la crête de la falaise, fouettés sans cesse par les vagues et recouverts de petites moules, qui leur donnent la teinte noire d'où ils ont tiré leur nom. Lorsque la mer est forte, elle présente en ces parages un spectacle grandiose, qu'il est prudent de ne contempler que d'un lieu bien sûr, le haut de la falaise par exemple. Les vagues se ruent sur ces rochers avec une violence extrême. Poussées par le vent du large et la marée, elle bondissent par-dessus les

Les falaises de Houlgate.

Vaches-Noires et viennent frapper la base des falaises. Projetée dans les fentes avec une force d'impulsion terrible, l'eau délaye ces matières argileuses ou calcaires, déchausse peu à peu les blocs, les arrache d'un coup, puis les roule sur la grève avec un bruit effroyable. Il serait dangereux de se laisser surprendre par le flot montant, si l'on n'avait un lieu de retraite assuré. L'épisode dramatique de Sir Arthur

Wardour et de sa fille, que la mer faillit engloutir au pied de falaises abruptes, est présent à la mémoire de tous les lecteurs de Walter Scott.

> Malheur aux imprudents surpris par la marée !
> L'Océan est plus prompt que leur course effarée.
> Combien d'infortunés qui dans les antres sourds
> Épuisèrent leur voix à crier au secours!
> Leur mort a défrayé les sinistres légendes
> Qu'on répète le soir sur les côtes normandes[1]....

Mais heureusement nos côtes n'offrent pas de si grands dangers. La pente de la plage est trop douce pour que le flot montant puisse arriver inaperçu et interrompre le retour de promeneurs attardés. Après avoir doublé les Vaches-Noires, on aperçoit les premières maisons de Houlgate et l'on rentre chez soi sain et sauf, après une agréable et salutaire promenade.

On compte six kilomètres de Houlgate à Villers par la plage, de six à sept par le Sémaphore et de huit à neuf par la grande route de Honfleur à Caen.

Un projet de chemin de grande communication est à l'étude en ce moment. Il s'élèverait en lacets sur la côte de Houlgate, traverserait le bois de sapins et regagnerait l'ancien grand chemin de France au delà du Sémaphore, en passant derrière cette station pour éviter les éboulements. Ce chemin aboutirait au haut de Villers, abrégerait le trajet actuel de deux kilomètres environ, et permettrait de descendre

[1] J. Autran.

soit au milieu de Villers, soit par la route ordinaire.

Nous faisons suivre cet itinéraire d'un article scientifique qui intéressera certainement les amateurs de géologie. Nous le devons à la bienveillance de M. Morière, l'éminent doyen de la Faculté des Sciences de Caen.

« Les falaises de Houlgate-Villers sont pour le géologue un des points les plus intéressants de la France. De nombreuses découvertes y ont déjà été faites, et chaque jour le hasard des marées ou des infiltrations met à nu de nouvelles curiosités qui vont enrichir nos musées ou ceux de l'étranger. Aussi cette partie de nos côtes est-elle souvent explorée par d'habiles et patients chercheurs. Dans le voisinage même, de belles collections se sont formées. Une des plus complètes était, il y a quelques années, celle de M. Le Rémois père, de Dives, qui fut vendue 5 000 francs au Muséum de Caen.

Voici quelle est la composition de ces falaises.

1° Oxfordien moyen ou argile de Dives.

Ces falaises, qui atteignent en certains points une hauteur de 110 à 120 mètres, sont constituées par une argile grise, offrant quelques minces assises de calcaire et appartenant à l'étage désigné sous le nom d'*Oxford clay*, *Oxfordien* ou *Argile de Dives*. Dans l'ordre normal de formation, on devrait trouver au-dessus de cette argile : 1° l'étage corallien;

2° le Kimméridgien ou argile de Honfleur; 3° le Portlandien. Ces divers étages ne se voient pas dans la falaise d'Auberville, ou bien on aperçoit seulement quelques traces de corallien en approchant de Villers.

L'Oxfordien est recouvert immédiatement par le terrain crétacé inférieur. Les eaux de source ou pluviales qui traversent facilement la craie sont arrêtées par la nappe d'argile et suintent à diverses hauteurs dans la falaise, entraînant à ses pieds des masses d'argile et souvent des blocs de craie plus ou moins volumineux, qui ne tardent pas à se couvrir de *fucus* et sont désignés par les marins et sur les cartes marines sous le nom de *Vaches-Noires*. Les géologues appliquent ce nom aux falaises elles-mêmes qui, travaillées à la fois par la mer venant déferler à leur pied et par les eaux de source coulant de la partie supérieure, produisent des éboulements continuels et affectent les formes les plus variées et souvent les plus pittoresques.

L'étage oxfordien peut être divisé en trois sous-étages : 1° l'*Oxfordien inférieur* ou *Callovien*; 2° l'*Oxfordien moyen*; 3° l'*Oxfordien supérieur*.

1° L'Oxfordien inférieur se voit à la partie la plus basse de la falaise, entre Dives et Beuzeval, mais le géologue pourra l'étudier beaucoup mieux au Mesnil de Bavent, à la Butte d'Écoville, à Sannerville près de Troarn, dans la tranchée du chemin de fer à Hottot, et à la tuilerie d'Argences. Parmi les fossiles de cette formation il rencontrera : *Ostrea Knorrii*;

Ammonites bullatus, modiolaris, coronatus, Duncani, etc.

2° L'Oxfordien moyen présente deux horizons distincts aux Vaches-Noires. Dans les couches inférieures se trouve une faune qui renferme un certain nombre d'espèces de l'Oxfordien inférieur, mais aussi plusieurs espèces des parties les plus élevées de l'Oxfordien moyen : *Turbo Meriani, Pleurotomaria Munsteri*, etc. et quelques-unes propres à ce niveau : *Ammonites Goliathus, etc.* A plus de soixante mètres au-dessus est la couche la plus riche en *Ammonites cordatus, perarmatus, arduennensis, etc.*

3° L'Oxfordien supérieur offre trois horizons : 1° la zone de la *Perna quadrilatera* ; 2° la zone du *Nucleolites scutatus* ; 3° la zone des *Opis* et des *Nérinées*.

Dans les falaises du littoral du Calvados, les calcaires oolithiques de l'oxfordien supérieur reposent sans trace de discordances sur les argiles entremêlées de calcaires de l'oxfordien moyen. On peut les observer depuis un point situé un peu à l'est de Trouville jusque dans les falaises de Beuzeval. L'ensemble des couches à *Nucleolites scutatus* a environ quinze mètres d'épaisseur à Trouville ; ces couches sont moins importantes dans la falaise d'Auberville, mais on les rencontre encore près de Dives.

L'ensemble des falaises des Vaches-Noires, c'est-à-dire la partie située entre Dives et Villers, appartient donc surtout à l'oxfordien moyen, qui sur une longueur de plus de six kilomètres, est couronné par la craie.

C'est dans ces falaises, et surtout dans la partie de la plage où l'argile tombée est lavée à chaque marée, qu'on a rencontré la plupart des ossements de *Crocodiliens*, d'*Ichthyosaures*, etc., que l'on remarque aujourd'hui dans plusieurs musées de l'Europe, et surtout au Musée de Caen. Avant d'entreprendre ses excursions scientifiques, le géologue fera sagement d'aller visiter ce dernier musée, afin de se faire une idée générale des fossiles qu'il peut avoir la chance de découvrir.

Presqu'en face de Villers, à un kilomètre en mer, se trouve un banc d'argile qui n'apparaît que dans les grandes marées, lorsque la mer s'est retirée bien loin ; il renferme beaucoup de fossiles en place.

2° Oxfordien supérieur, Corallien et Kimmeridgien.

Pour étudier l'oxfordien supérieur et le corallien, c'est aux environs de Trouville qu'il faut faire porter ses explorations. A Cricquebœuf, on rencontre le Kimmeridgien. La pointe de Bénerville présente aussi un facies intéressant du corallien.

3° Grande Oolithe.

Si les recherches doivent porter sur la grande oolithe, le géologue ne négligera pas de visiter les carrières qui se trouvent aux abords de la gare de Mézidon. Celles de Hérouvillette, sur la route de Caen, lui offriront la grande oolithe supérieure de rivage. Dans les carrières de Ranville, à peu de distance de l'embouchure de l'Orne, il pourra faire une étude très intéressante des divers étages de cette formation.

C'est des carrières de Hérouvillette et de Ranville que viennent la plupart des matériaux employés à la construction des maisons de Cabourg.

SEPTIÈME ITINÉRAIRE
De Houlgate à Gonneville-sur-Dives.

Cette intéressante promenade peut se faire à pied, à âne, ou en voiture. Les chemins sont presque toujours bons.

Gonneville est un riant petit village situé dans le fond d'une vallée. Il est entouré de tous côtés de vertes collines. Les maisons ont un air d'aisance et de propreté qui fait plaisir à voir. Quelques-unes sont curieuses ; elles sont construites en bois apparent et noici, selon la mode de Normandie.

L'église, bâtie sur le penchant du coteau, doit dater du douzième siècle. Le portail est moderne. Le clocher est une mince pyramide à pans coupés avec base carrée, construite en charpente et recouverte d'ardoise. Le chœur est du treizième siècle. Avant la Révolution de 1789, le maître-autel était de

Église de Gonneville-sur-Dives.

la plus grande magnificence ; il n'avait pas coûté moins de 32 000 livres. Celui que l'on voit actuellement a été refait avec quelques-uns de ses débris. Le tombeau est orné de jolies sculptures. Une des cloches a été donnée par M. Léon Bonnet de Dramard, descendant des anciens seigneurs, patrons de Gonneville.

Pour aller à Gonneville, on prend à Beuzeval,

près de l'hôtel, la route du Manoir que l'on suit jusqu'au lieu Emard, en passant entre le Manoir de Beuzeval et le grand remblai qui surplombe la voie ferrée de 14 mètres. Au lieu Emard, on tourne à droite et l'on descend au fond d'un premier vallon, ravissant de tous points; on remonte par une route nouvellement ouverte, ou par l'ancien chemin, accidenté de pentes difficiles. On passe devant un ancien calvaire et par l'une ou l'autre route, on arrive à Gonneville.

On peut revenir par la grand'route, qui passe devant le château de Sarlabot, ou prenant la grand'-route à gauche, aller jusqu'à la croix de Heuland et suivre la route du Manoir.

La croix de Heuland est regardée comme très ancienne. D'après une vieille légende, le duc de Normandie, Rollon, pour montrer quelle sécurité régn.. sous son administration, y faisait suspendre des bijoux, des chaînes d'or, des bourses pleines d'argent. Les populations de la Normandie étaient déjà si honnêtes et si probes que tous ces objets restaient intacts. Malgré tout l'attrait de cette curieuse légende, il n'est guère possible de l'accueillir, car la croix de Heuland ne remonte pas au delà de la seconde moitié du seizième siècle.

Heuland n'est, paraît-il, qu'une corruption du mot Rollon. Je ne contredirai pas à cette étymologie. Le village ne présente pas beaucoup d'intérêt. L'église est petite et fort ancienne. Pour la visiter, on suit la route à gauche de l'auberge (tenue par

Cardine); à la maison du cantonnier, on tourne encore à gauche pour suivre un chemin rocailleux et bordé d'arbres, qui ne tarde pas à descendre dans la vallée; on passe devant un moulin à eau, dont la grande roue vous fait détourner la tête, et on arrive enfin à l'église, à 300 mètres environ de la route.

Pour revenir à la croix de Heuland, il faut reprendre le même chemin.

Si l'on veut varier la route, on peut suivre le chemin de la Maison Blanche et descendre à Dives.

HUITIÈME ITINÉRAIRE
De Beuzeval à Douville.

Douville est un village de 300 habitants environ. L'église appartient à deux époques différentes. La nef, romane, remonte au douzième siècle. Le portail, flanqué de deux contreforts plats, avec une porte à plein-cintre, doit être du même temps. Le chœur est également très ancien. Quant aux fenêtres qui éclairent la nef, elles sont du dix-huitième siècle. Entre le chœur et la nef s'élève une tour carrée, massive, qui supporte un clocher surmonté d'une pyramide en ardoise du seizième siècle. Dans le cimetière on remarque une croix qui est aussi de cette époque. Sur l'une des faces est représenté le Christ, les bras ouverts et les pieds croisés; sur l'autre la Vierge, la tête surmontée d'un diadème. Le chapiteau qui termine le fût de la croix représente une couronne ducale. Un if énorme couvre de ses rameaux une partie du cimetière. Il a plus de cinq mètres de circonférence dans sa partie moyenne.

A peu de distance de l'église est situé le joli château de Douville, construit en pierre, qui date de la fin du dix-huitième siècle. On y accède par une magnifique avenue de pommiers qui aboutit à la route de Dives. La porte de la cour, d'ordre dorique, est surmontée de lions qui tiennent des écussons entre leurs pattes.

Pour aller à Douville, on prend le chemin de la Vallée ou du Manoir, comme pour gagner Gonneville; on passe au hameau de la Forge, et au lieu de tourner à droite, au lieu Emard, on continue tout droit jusqu'à la Croix de Heuland. Puis on suit à droite la route de Varaville, on prend un petit chemin vicinal à gauche qui passe près du château et va jusqu'à l'église; on revient ensuite à la route de Varaville, près de celle de Dives et on rentre par Dives ou par la nouvelle route qui longe le parc de M. Foucher de Careil.

VILLERS-SUR-MER

Villers était une station militaire au temps de l'invasion de la Gaule par les Romains. C'est un point qu'ils avaient fortifié. Il était relié à Varaville par une chaussée dont on découvre encore des traces en différents endroits, à quelques pieds de profondeur. Des médailles portant l'effigie des rois Mérovingiens et que l'on a trouvées dans les environs, avec des débris de briques et de poteries romaines, attestent l'antiquité de Villers et permettent de supposer qu'il a occupé une position importante dans l'ancienne Gaule. On voit, au château de Villers, une curieuse collection de ces monnaies anciennes.

Si la petite bourgade a vu son importance diminuer peu à peu, et n'a plus été, pendant une longue suite d'années, qu'un simple village de pêcheurs, il faut attribuer cette décadence aux empiètements persistants de la mer, qui a envahi le sol et miné graduellement ses antiques fondations, pour la refouler jusque sur la pente de la falaise où elle s'étend aujourd'hui.

L'emplacement de Villers au moyen âge (*Villaria supra mare*) était certainement plus avancé dans la mer qu'il ne l'est aujourd'hui. Si des fouilles étaient possibles à l'endroit que le flot recouvre à chaque marée, il est hors de doute qu'elles amèneraient la découverte des substructions anciennes. Dans les

Une rue de Villers.

basses marées, on peut observer, à une grande distance de la côte, des troncs d'arbres noircis, qui font croire à l'existence d'anciennes forêts en cet endroit.

C'est seulement vers 1856 que Villers commença à sortir de son obscurité. Un architecte de Paris,

M. Félix Pigeory, s'avisa d'acheter une étendue de 100 000 mètres de terrain sur le bord de la plage ; il la divisa en lots, traça des chemins, ouvrit des rues, et fit bâtir successivement une digue, un hôtel et un casino.

Plusieurs spéculateurs de ses amis se joignirent à lui; et au bout de quelques années, Villers était devenu une des plus charmantes stations balnéaires du littoral. M. Pitre-Chevalier, qui dirigea longtemps

La Maison normande.

le *Musée des Familles*, fut aussi un des premiers propriétaires de Villers. Alphonse Karr, l'auteur de la *Famille Alain*; Hippolyte Castille; les peintres Faustin Besson, André Giroux et Paul Huet; le sculpteur Demesmay; Bataille, du Conservatoire; le graveur Henriquel-Dupont, composèrent cette pléiade d'artistes qui firent de Villers leur séjour de prédilection.

Grâce à l'énergique concours de tous ces hommes

de goût et d'initiative, Villers est aujourd'hui en pleine prospérité. La coquette petite ville s'étage en amphithéâtre sur le flanc est de la colline. Rien de plus gracieux que l'aspect de ces châlets couverts de lierre, entourés de frais jardins ou de vertes prairies. Chaque habitation a son cachet particulier. A l'entrée de Villers, dans la direction de Trouville, voici la Maison Normande, avec ses longs toits de tuile, ses noires solives se détachant sur le fond clair

La villa Marguerite.

de la maçonnerie; elle a été construite en 1864, et appartient à M. Winbow; tout auprès, la villa Marguerite, plus solennelle et plus somptueuse : on dirait le château à côté de la ferme; la villa Demachy, à l'entrée de Villers, sur la route de Dives; la villa des Bosquets, à M. Pigeory; la maison Wolff, sur la côte; la villa du comte Desaix, petit-neveu du général Desaix, du côté d'Auberville; le châlet Haret, élégant pavillon en bois découpé, que tout le monde a pu voir à la dernière exposition; les maisons de M. Hermann, le violoniste bien connu; celle de M. Monjean, directeur du collège Chaptal, sur le coteau; celle de M. de Montauzan, qui renferme une riche collection d'antiquités, de bronzes, de vases curieux; enfin la ravissante maison du peintre Eugène Decan, un vrai bijou! Pignons, bas-reliefs de terre cuite, plantes grimpantes, escaliers extérieurs, tout

La villa Decan.

cela est réjouissant à voir, sans parler de cet habile trompe-l'œil d'enfant curieux qui écarte un rideau pour regarder dans la rue.

Le casino de Villers présente peu d'intérêt. Il a été construit pour remplacer un établissement du même genre qui a été transporté au pied de la colline et eût été converti en marché couvert, si la commune l'avait accepté. Il sera, à son tour, supplanté dans un avenir prochain par un édifice plus vaste et plus grandiose, où seront réunies toutes les séductions qui peuvent attirer des baigneurs désœuvrés. Mais quelque attrayant que soit ce casino définitif, les familles n'en continueront pas moins à se confiner dans leurs salons qu'elles ne quittent que dans les occasions extraordinaires, quand par hasard quelque artiste célèbre, dramatique ou lyrique, apparaît un instant sur la scène

Plage de Villers.

du petit théâtre. Villers a été, pour ainsi dire, partagé en un certain nombre de familles amies qui se visitent et se reçoivent, et pour en trouver le séjour agréable, il est prudent de s'y ménager des relations.

L'ancienne église de Villers appartenait à deux époques distinctes. La nef était du onzième siècle et le chœur du treizième. Elle est depuis plusieurs années en voie d'agrandissement, et le nouvel édifice promet d'être très beau. C'est M. Barthélemy, de Rouen, qui dirige la reconstruction. Le vieux portail, qui ne tardera pas à être démoli, est flanqué de deux contreforts plats, et percé d'une porte à plein-cintre. Il est surmonté d'une tour carrée à deux étages, qui

Église de Villers.

supporte une pyramide en ardoise, datant du seizième siècle.

La voûte du chœur était jadis en pierre. Il y avait un autel sculpté très remarquable ; il a été vendu et forme maintenant le plus bel ornement du salon de la villa Saint-Michel, à Mme Montané.

A trois kilomètres de la plage, on aperçoit le château de Villers, construit dans le genre Louis XIII, au milieu de vertes pelouses, sur une colline qui descend en pente douce jusqu'à la mer. Au sud du château s'étend un parc magnifique rempli de beaux arbres. Une magnifique avenue de sapins, longue d'environ 700 mètres, y donne accès du même côté. Le château, avec ses toits aigus et ses longues cheminées, est d'un effet très pittoresque. Il a appartenu à ce singulier marquis de Brunoy qui gaspilla en prodigalités extravagantes une fortune de plus de quarante millions. L'ancien seigneur de Villers descendait du financier Pâris

Château de Villers.

de Mont-Martel qui s'enrichit dans d'heureuses spéculations et fut garde du Trésor royal en 1730, et banquier de la Cour. C'est un descendant du marquis de Brunoy, M. Pâris d'Illins, qui occupe le château aujourd'hui.

Parmi les seigneurs de Normandie qui accompagnèrent le duc Robert Courte-Heuse à la conquête de Jérusalem, il y avait des seigneurs de Villers. Quel était leur nom? où était leur manoir? Peut-être occupaient-ils l'ancien château fort qui s'élevait à l'endroit où l'on aperçoit encore une *motte* entourée de fossés dans le bois du château, à l'ouest? Du côté des terres, un fossé en demi-lune servait de défense à cette motte, dernier vestige de l'ancienne chevalerie.

Ces restes d'anciens manoirs féodaux sont très communs dans le département. Comme l'emplacement où ils s'élevaient était toujours bien choisi, des constructions modernes ont été édifiées soit au même endroit, soit à quelque distance du site primitif. Le château du moyen âge était avant tout une forteresse. Il se composait de deux parties principales, ou enceintes : une première enceinte, qu'on appelait *cour basse*, était entourée d'un fossé dans lequel on faisait arriver l'eau. La crête était protégée par un talus en terre ou par des palissades en bois, quelquefois par un mur de pierre. Dans l'intérieur de cette enceinte, on en pratiquait une seconde qu'on entourait aussi d'un fossé, et au milieu de laquelle on construisait un bâtiment très élevé, qui dominait toute la campagne et servait à l'habitation du seigneur. Ce bâtiment ou *donjon* était placé sur une éminence naturelle, ou sur une butte artificielle en forme de cône, qu'on appelait *motte*. Les Anglais ont conservé le terme *moat*, mais il ne désigne plus que le fossé qui entoure l'enceinte.

Nous aurons plus d'une fois occasion de parler de ces *mottes* féodales.

L'ancienne route passant auprès du château laisse

à gauche la ferme de Lamotte, qui est un but de promenade pour les familles. On y trouve toujours d'excellent lait et de bon cidre. La collation est proprement servie, sous les pommiers, au milieu des poules qui viennent caqueter auprès des enfants et picorer les restes de leur festin.

La nouvelle gare du chemin de fer de Dives à Deauville est placée un peu au-dessus de la ferme de Lamotte. Dans quelques mois, cette charmante route, si agréable aux promeneurs, sera sillonnée d'omnibus et de voitures qui la couvriront de poussière.

Les hôtels sont suffisants à Villers : l'Hotel du Casino, qui dispose de 80 chambres, est ouvert toute l'année; l'Hotel du Bras d'Or a une trentaine de chambres; l'Hotel de Paris, un peu moins.

PREMIER ITINÉRAIRE
De Villers à Auberville.

Une des plus jolies promenades de la côte est celle qui a pour but la petite église d'Auberville. On y va par la falaise; le sentier est charmant, tout bordé de haies, et presque caché sous la verdure. Par-ci, par-là, entre les arbres, on aperçoit la mer, très loin, au-dessous de la falaise. A un certain endroit, le chemin fait un coude pour rejoindre la route de Houlgate, et laisse à sa droite une ferme adossée à

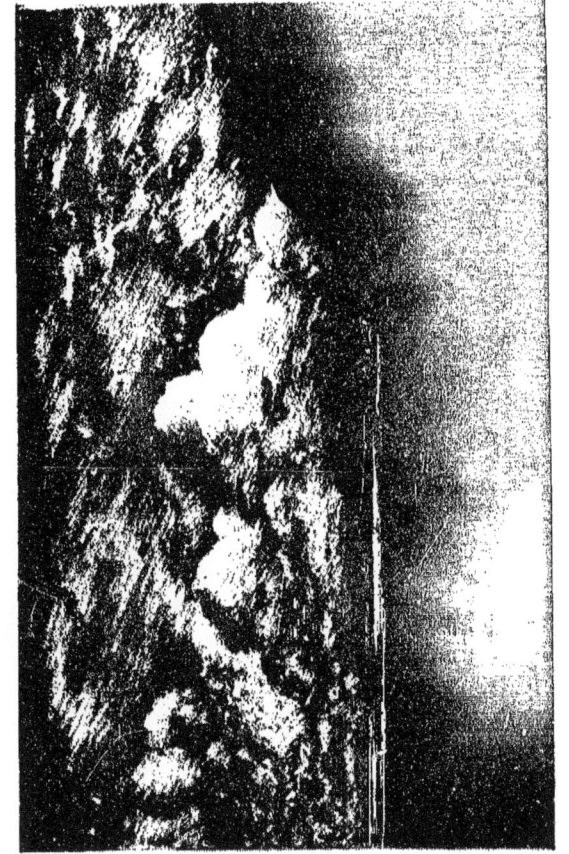

Plage de Villers, d'après le tableau de M. A. Guillemet.

une humble chapelle : c'est là qu'il faut s'arrêter. Ouvrez la petite porte en bois vermoulu qui interrompt à peine la haie, et vous vous trouverez dans un étroit cimetière encombré de tombes ou plutôt d'informes buttes de terre dont quelques-unes sont ornées d'une simple croix; d'autres, plus récentes, conservent encore leurs couronnes de roses blanches ou d'immortelles cachant des inscriptions naïves et d'une orthographe douteuse. Au fond de cet enclos, appuyée à la grille d'un herbage, s'élève la petite église, entre deux bouquets de grands arbres, aussi calme, aussi muette que ces tombes, car on ne l'ouvre que quatre fois l'an : deux fois pendant le carême, le lundi de Pâques, et le jour de la sainte Barbe, patronne de l'église. Au point de vue de l'architecture, cette église n'a qu'un mérite, c'est son clocher de forme naïve et qui date du douzième siècle. Malheureusement le plâtre et les tuiles recouvrent tout le reste de la chapelle, et il est impossible de savoir si ce grossier revêtement cache des formes plus nobles et plus pures. Mais si elle manque de noblesse, comme elle est remplie de poésie, cette petite église, autour de laquelle croissent les orties et les fleurs sauvages, et que recouvrent, comme pour la protéger, les branches des grands ormes et des chênes touffus! Quel silence dans ce petit cimetière! Le chant seul des oiseaux l'interrompt par moments, comme un joyeux alleluia; puis, soudain, tout se tait, et l'on n'entend plus que le vague et lointain murmure de la mer, chantant la messe éternelle des morts qui dorment dans ce petit coin de terre![1]

Auberville, dont le nom a été successivement Otburvilla, Osbervilla, Albervilla, est un petit hameau qui se compose de deux ou trois châlets, de quelques fermes perdues dans les herbages, et de chaumières éparses sur le bord des chemins. Il n'a pas plus de 230 habitants. A une certaine distance de l'église est situé le manoir d'Auberville, qui fut jadis le

Église d'Auberville.

berceau de nobles personnages. Il ne remonte pas à une époque ancienne, et n'offre d'intéressant qu'une vue fort belle sur la mer et sur le paysage environnant. Il est aujourd'hui fermé.

On peut se rendre à Auberville en voiture. Il faut prendre la route de Dives, dépasser l'auberge « à Ma Campagne », qui se trouve au haut de la côte

[1] Note de M. Maurice Albert.

de Villers, suivre le chemin de droite, au carrefour, sans se préoccuper de ceux qui à deux reprises viennent le traverser, et tourner à droite jusqu'à l'église.

On peut faire à la ferme attenant au cimetière une frugale collation d'œufs, de beurre, de lait ou de cidre ; mais pour un pique-nique plus copieux, il est nécessaire d'apporter les provisions supplémentaires.

DEUXIÈME ITINÉRAIRE.
De Villers à Trouville, par Bénerville et Deauville.

La route de Trouville est bien connue. Elle se dirige en ligne droite, en suivant le bord de la mer jusqu'au hameau de la Mare, qui est en voie de devenir une agréable station de bains, et de là monte vers Bénerville, un petit village de 150 habitants. Bénerville est assez insignifiant par lui-même. Il n'a de remarquable que sa situation pittoresque et sa petite église, toute couverte de lierre. Elle s'élève sur une petite éminence voisine de la route, à mi-côte du mont Canisy. C'est une des plus anciennes de la contrée ; elle date du onzième siècle. La porte est plus moderne. La cloche est remarquable et date de 1596. A l'intérieur, on voit un autel à colonnes torses dans le style Louis XIV. L'arc triomphal, orné de billettes, est roman et très ancien.

La vue dont on jouit du monticule au-dessus de l'église est magnifique. En face s'étend la mer parsemée de barques de pêcheurs. Au nord se dresse le cap de la Hève avec ses deux phares qui, éclairés par le soleil, ressemblent à deux poteaux blancs; à l'est on aperçoit Deauville et Trouville; à l'ouest Villers et toute la vallée. Plus loin à droite se succèdent les falaises des Vaches-Noires et dans la brume se perdent les plaines du littoral de Caen.

A un kilomètre de l'Église se trouve le château, qui n'offre d'intéressant que de jolies allées et de charmantes échappées de vue.

Bénerville est la patrie d'un trouvère célèbre du treizième siècle, Ghilbert, et de la comtesse d'Aulnoy (1650-1705), connue par ses Contes de fées. Il s'y trouve encore, dit-on, des descendants de l'illustre famille des Montgommery.

La route descend ensuite les derniers contreforts du mont Canisy, traverse des terrains sablonneux et arrive à Deauville, qui n'est séparé de Trouville que par la Touques.

Pour ces deux localités nous renvoyons aux guides spéciaux publiés par la maison Hachette.

TROISIÈME ITINÉRAIRE.
De Villers à Saint-Vaast.

Saint-Vaast est un petit village qui n'a pas plus de 130 habitants. L'église s'élève dans un site pittoresque, au fond d'un vallon sauvage et boisé, et près d'un ruisseau. Quoique fermée, elle est bien entretenue. Elle remonte au treizième siècle. Deux portes ogivales de cette époque sont percées parallèlement au nord et au midi, la porte du seigneur et celle du prêtre. Le clocher est de construction moderne, en charpente et recouvert d'ardoises. Les fonts baptismaux sculptés sont du moyen âge et méritent d'être remarqués.

A cinq cents mètres de l'église, à l'ouest, il existe une motte féodale.

Pour aller à Saint-Vaast, on prend le chemin du château de Villers; seulement, au lieu de monter directement jusqu'au château, on peut suivre un chemin à droite qui passe le long du bois de Villers et rejoint le chemin de grande communication que l'on suit jusqu'à la première route à droite. On arrive bientôt à la Mare aux Pois. Sous ce nom qui n'a pas de signification précise, il faut sans doute lire la Marque aux Poids, car c'était là, dit-on, que jadis les fonctionnaires publics venaient contrôler et marquer les poids et mesures. On reprend de là la route suivie à l'aller jusqu'au carrefour; on tourne à droite et le premier chemin de gauche mène à l'église de Saint-Vaast. On peut revenir en prenant à gauche le chemin qui rejoint la route de Villers à Houlgate et redescendre la côte.

QUATRIÈME ITINÉRAIRE.

De Villers à Beaumont.
(11 kilomètres).

Beaumont est un charmant village d'environ 800 habitants, gracieusement perché sur un coteau qui domine au loin la belle vallée de la Touques.

Les ruines d'un prieuré de Bénédictins qu'on y trouve encore remontent à l'an 1060. La chapelle est devenue l'église paroissiale. Elle est d'ordre roman, mêlé de gothique. Une partie des constructions est plus moderne; elles ont été élevées, vers 1612, lors de l'écroulement de l'ancien édifice. Il ne reste du vieux prieuré que le bâtiment qui servait de collège, le logement du prieur et l'infirmerie. C'est dans ce collège que le marquis de Laplace, géomètre et astronome célèbre, fit ses premières études.

Un monument a été élevé sur l'emplacement même de la maison où il est né, pour consacrer sa mémoire. Sur une des tables de marbre incrustées dans ce monument on lit l'inscription suivante : « La commune de Beaumont et le département du

Calvados à la mémoire de Laplace, né à Beaumont le 23 mars 1749, mort à Paris le 5 mars 1827. » Sur l'autre table, se trouvent les vers suivants dus au poète de Vire, Chênedollé :

> Sous un modeste toit, ici naquit Laplace,
> Lui qui sut de Newton agrandir le compas,
> Et s'ouvrant un sillon dans les champs de l'espace,
>   Y fit encore un nouveau pas.

Il y a toutes les semaines à Beaumont un important marché de bestiaux, qui se tient le jeudi. Il y vient des acheteurs de toutes les parties du département et même d'Angleterre.

Le chemin le plus facile pour aller à Beaumont, c'est de prendre la route de Trouville jusqu'à la première route à droite que l'on appelle la rue de la Mare. Il y a là un petit hameau composé de quelques maisons. On traverse Blonville, petit village de 300 habitants, et l'on suit la route directe jusqu'à Beaumont.

Pour ne pas revenir par le même chemin, on prendra la première route à gauche qui conduira à Glanville. Il y a là un château ancien qui date de la seconde moitié du seizième siècle, d'où l'on jouit d'une très belle vue.

On gagnera St-Pierre-Azif, dont l'église, moitié romane, moitié gothique, est assez jolie. Elle renferme trois tableaux que l'on attribue à Jordaens, peintre flamand du 17e siècle. On y voit aussi des restes de vitraux qui datent de 1566, et une belle statue tombale dans le costume de la fin du quatorzième siècle. De là on reprendra le chemin suivi à l'aller, et au carrefour on pourra suivre la grand'route à gauche et revenir par le chemin du château de Villers.

CINQUIÈME ITINÉRAIRE.
De Villers à Vauville, Tourgéville, Saint-Arnoult, les ruines du château de Lassay.

Cette excursion est la plus longue et la plus intéressante à la fois que l'on puisse faire dans les environs de Villers. On prend la route de Trouville jusqu'à la rue de la Mare, que l'on suit dans toute sa longueur. A la rencontre de la route de Honfleur à Varaville, on tourne à gauche ; on prend ensuite le premier chemin à droite qui mène à Vauville, petit village qui n'a guère aujourd'hui que 170 habitants. Il était beaucoup plus important autrefois et ses marchés étaient très fréquentés. L'église, délabrée, date du douzième siècle. Le clocher est assez curieux ; c'est une masse rectangulaire de maçonnerie en pierre surmontée d'une pyramide couverte en bardeau.

Le château de Vauville, appelé aussi *Château du Quesnay*, avec ses pavillons et ses toits pointus, a conservé un reste d'aspect féodal. Il a été construit dans la seconde moitié du seizième siècle. Il appartient à la famille de Glanville, qui l'a restauré avec beaucoup de goût.

On rejoint ensuite la route de Honfleur jusqu'à
Tourgéville, qui mérite un arrêt de quelques instants.
C'est un joli village, situé dans un frais vallon ; il n'a
guère que 330 habitants. L'église offre l'assemblage
de plusieurs styles. Ainsi le chœur date du treizième
siècle. La seconde et la troisième travée de la nef
sont du treizième et du quatorzième siècle. La première est du dix-huitième siècle. Le portail occidental

Église de Tourgéville.

a été construit aussi à cette époque ; il est accompagné de deux pilastres avec refends qui supportent
un fronton circulaire, et surmonté d'une fenêtre à
arc surbaissé. Le portail principal est surmonté d'un
large clocher en charpente terminé par une pyramide
hexagone. L'autel est décoré d'un beau retable dans
le style Louis XIV, avec colonnes torses ornées de
feuilles de vigne. Le tabernacle provient de l'église de

Saint-Arnoult. Le lutrin, dans le style Louis XV, présente une forme insolite.

Sur la commune de Tourgéville, vers l'extrémité ouest, se trouve le Château de Glatigny, qui appartient à deux époques distinctes : la façade, en bois, couverte de sculpture, date de la première moitié du seizième siècle, tandis que les deux ailes, où la brique et la pierre ont été adroitement mariées, et la tourelle, ont été construites sous Louis XIII. On y accède par un chemin bien entretenu que l'on trouve derrière l'église.

On prend ensuite la route suivie précédemment jusqu'à Saint Arnoult.

Les ruines du Prieuré de Saint-Arnoult (d'Iveline, canonisé au 6ᵉ siècle) sont assises sur le penchant nord de la colline appelée le mont Canisy, et entourées d'arbres et de buissons touffus. Les bâtiments du prieuré ont disparu depuis longtemps ; l'église seule est restée. Le chœur, roman, appartient au onzième siècle. Le mur du nord est flanqué de contreforts plats ; l'appareil est en arêtes de poissons. Près du sanctuaire, est une piscine romane. Le chœur repose sur une crypte fort ancienne qui renfermait un énorme amas d'ossements et de crânes humains. La nef a été refaite vers la fin du quinzième siècle. Elle est envahie par une végétation luxuriante qui jette ses racines dans les interstices des pierres. Au mur méridional est accolée une tour carrée à deux étages, dont le couronnement est moderne.

Près du chevet de l'église jaillit une source minérale dans laquelle on plonge les enfants délicats. Elle possède, dit-on, des propriétés merveilleuses pour les maladies de foie.

A peu de distance de l'église de Saint-Arnoult, sur le sommet du mont Canisy, se dressent les ruines du Château de Lassay, réduites à quatre murailles qui entourent un escalier croulant. C'était autrefois l'escalier d'honneur.

Le château de Lassay fut bâti sous le règne de Louis XIV par Armand Léon de Médaillan, comte de Lesparre et marquis de Lassay ; voici à quelle occasion :

Le marquis avait osé porter ses vœux aux pieds de la duchesse de Montpensier, petite-fille d'Henri IV, connue sous le nom de la Grande Mademoiselle, qui, en 1652, fit tirer sur les troupes royales les canons de la Bastille. Il avait invité la duchesse à venir pour la saison d'été dans son château des bords de la mer en Normandie. La noble dame accepta un jour l'invitation. Mais le château n'existait que dans l'imagination de Lassay. Fort heureusement, sa fortune était considérable. Il partit aussitôt pour ses terres avec son architecte, assembla tous les ouvriers de la contrée sur son domaine de Saint-Arnoult et, en trois mois, le château fut construit et prêt à recevoir Mlle de Montpensier.

Le domaine de Saint-Arnoult devint par héritage la propriété du duc de Brancas-Lauraguais, dont la mère était petite-fille de Lassay. Il donna au château des fêtes magnifiques, d'abord en l'honneur de

Mme Dubarry, qui y résida plusieurs semaines pour prendre les bains de mer, et plus tard de Sophie Arnoult, la fameuse cantatrice de l'Opéra.

Du château de Lassay, la vue s'étend au loin sur la vallée de la Touques et les coteaux voisins.

Au retour, on peut prendre la route de Trouville à Villers par un chemin au bas de la colline et qui laisse à droite l'Hippodrome de Deauville.

Pour les promenades qui doivent être faites dans la direction de Houlgate-Beuzeval et Cabourg, nous renvoyons aux itinéraires donnés sous ces différents titres.

LE HOMME

L'orthographe et la prononciation de ce mot ne semblent pas encore être fixées. Les uns écrivent le Home, par analogie avec l'anglais *home*, le foyer domestique, et adoptent le son de *o* long que lui donnent nos voisins d'outre mer. Les autres l'écrivent et le prononcent comme le mot qui désigne la plus laide moitié du genre humain, mais en conservant l'aspiration de *h*.

Ces derniers seuls nous paraissent être dans le vrai. Au moyen âge, on trouve les localités de ce nom désignées de plusieurs façons différentes : Ulmus, dans une charte de Guillaume le Conquérant; Hulmus, Holm, Holme, Houme. Pour le diminutif, c'est Hommet ou Houmet.

De quelque manière qu'on l'écrive, l'origine ne nous semble pas douteuse : c'est le mot *Holm*, qui dans les langues du Nord signifie île. Le même mot a fourni la terminaison de *Stockholm* (l'île sur pilotis). En Normandie et en Angleterre, ce mot est devenu un nom de lieu assez fréquemment usité pour désigner des portions de prairie ou de marais plus ou moins complètement entourées d'eau. On trouve même ce mot employé comme nom commun : en 1247, on cite le *homme* des moines de Caen dans la prairie de Bretteville.

Il y a dans la Manche et dans la Seine-Inférieure une localité qui s'appelle le *Houlme* : c'est à la même source qu'il faut faire remonter cette dénomination.

Le Homme était autrefois un village, et peut-être un bourg considérable, situé à un kilomètre environ de la plage actuelle. Il avait son château, son église, sa ferme, comme la plupart des villages de notre littoral, qui tous ont perdu leur importance primitive. Le château a disparu. On en retrouve encore la place à quelque distance de la ferme ; c'est une *motte* ombragée de grands ormes et entourée d'un fossé. Il ne reste de l'église que quelques pierres encadrées dans les murs de la ferme ou éparses dans l'herbage voisin. Une statue de saint Christophe, patron de la paroisse et dont le nom avait été donné à cette partie du littoral, avait survécu longtemps à la ruine du saint édifice, mais elle a aussi subi les ravages du temps et a été remplacée, il y a quelques années, par une statue moderne que l'on peut voir dans une niche à la ferme.

La ferme est très vaste. Elle se compose de bâtiments massifs élevés sur quatre côtés d'une cour carrée, qui n'a pas moins de 80 mètres de longueur. Les murs épais et bien établis pouvaient offrir une résistance sérieuse contre les attaques des écumeurs de campagne à une époque où le tricorne du gendarme n'était pas aussi respecté que de nos jours. Les deux portes, cintrées et bardées de fer, sont prises dans un portail en pierre de taille soutenu par de puissants contreforts. Ces bâtiments spacieux, jadis si animés, sont maintenant tristes et désolés. Le gardien de la ferme et son chien en sont les seuls habitants! Plus de bestiaux, de chevaux, ou de volailles! Les terres qui dépendaient de la ferme ont été mises en herbages, mode d'exploitation qui

La ferme du Homme.

demande peu de bras, et toute vie s'est retirée de la ferme pour aller animer les prairies.

La nouvelle colonie du Homme s'étend entre la route de Caen et la plage. Après avoir appartenu à M. le marquis de Saint-Pierre, ces dunes furent achetées par M. Malhéné, qui les revendit à divers propriétaires. Elles ont conservé leur aspect primitif, et chaque propriétaire a planté sa maison au gré de sa fantaisie, celui-ci sur le sommet d'un monticule, celui-là dans le fond d'un petit vallon. Si cette disposition capricieuse donne à la station balnéaire du Homme plus de pittoresque et de variété, elle présente un sérieux inconvénient, en ce qu'elle rend plus difficiles les plantations d'arbres, qu'elle laisse exposés au vent de mer. Malgré tout, un certain nombre de villas, dont quelques-unes très importantes, se sont déjà édifiées sur ces dunes. Deux hôtels, le GRAND HOTEL DU HOMME, et L'HOTEL SAINTE-MARIE, y peuvent recevoir les baigneurs qui recherchent des loisirs paisibles et un genre de vie modeste. Un omnibus met le Homme en communication avec la gare de Cabourg. En outre, une voiture publique fait un service régulier entre Cabourg et Caen par la route de Sallenelles, qui passe au Homme.

OUISTREHAM

Ouistreham s'est écrit à diverses époques Oistrehanum, Oistreham, Estreham, Oyestreham. On a beaucoup discuté sur l'étymologie de ce mot; les uns lui donnent pour origine *Ester-ham*, le village sur l'estuaire, l'embouchure de l'Orne; les autres *Wester-ham*, village à l'ouest. Il est assez probable que la racine du mot est *Ostra*, qui est anglo-saxon et norois, et a évidemment été emprunté au latin *ostrea*, huître. C'est sous l'influence de celui-ci et de son dérivé roman *oistre*, que Ouistreham, comme l'anglais *oyster*, d'ailleurs, se sera formé. *Ham*, qui est le même mot que l'allemand *heim*, et que l'on retrouve en Picardie sous la forme *hen*, signifie un lieu d'habitation, un village. Ce radical anglo-saxon s'est conservé dans le diminutif *hameau*.

Ouistreham est un petit port à 14 kilomètres de Caen, relié au chef-lieu par un canal. Au temps de la domination des rois normands en Angleterre, c'était le grand port de communication entre le royaume et le duché. On y recevait des cargaisons de vins de Saintonge. La pêche y occupait un grand nombre de bras. Souvent cité dans les chartes normandes, il avait la même importance que ceux de Dieppe et de Barfleur. Maintenant encore, c'est avec l'Angleterre que se fait le principal mouvement d'échange, consistant surtout en produits du sol. Le mouvement du port est d'environ mille bâtiments, tant entrée que sortie. La population, qui n'est aujourd'hui que de 1200 habitants, a dû être beaucoup plus considérable autrefois, si l'on en juge par l'importance de son église.

Cet édifice est un des plus beaux spécimens d'architecture romane qu'il y ait dans le département. Il suffit de l'examiner un instant avec attention pour être convaincu de son mérite artistique. Pour mieux faire comprendre le détail de sa construction, il n'est pas hors de propos de rappeler ce que c'est qu'une église romane.

C'est au commencement du onzième siècle que l'on fait remonter l'art chrétien, improprement appelé le gothique. Dans les différentes phases de l'art chrétien, on distingue une première période embrassant le onzième et le douzième siècle, qu'on a nommée *période romane*, parce que les artistes, tout en créant des œuvres originales, s'inspiraient encore des traditions romaines. Les édifices romans se distinguent par un caractère général d'élégance mâle, ample et majestueuse. Les fenêtres, les portes, les arcades sont, à leur partie supérieure, à plein cintre, c'est-à-dire semi-circulaires, comme dans les monuments romains. La forme est celle d'une croix latine. Les petites branches, ou *transepts*, s'étendent l'une au nord, l'autre au midi. Le pied de la croix, où se trouve la *nef*, est tourné à l'occident et ouvert par l'entrée principale. La tête de la croix, où est le *chœur*, regarde l'orient. Le chœur se termine par un mur circulaire; cette dernière partie de l'édifice s'appelle *abside*. Dans les grandes églises, la nef est divisée par des colonnes en trois sections parallèles. De chaque côté de la nef, sont les *bas côtés*, garnis de chapelles accessoires.

A l'extérieur, l'église romane est peu chargée d'ornements. Ses murs sont renforcés par des piliers carrés d'une faible saillie, quelquefois décorés d'arcatures. Un hardi clocher est placé au centre ou sur l'un des flancs; il est coiffé d'un toit aigu bâti en pierre jusqu'à sa pointe. La façade ornée d'un fronton triangulaire est la partie la plus décorée. La principale entrée, ou porche, est surmontée *d'archivoltes*, formant un ou plusieurs demi-cercles concentriques de feuillage, de zigzags, de dentelures, et reposant sur une légère colonne. Le *tympan*, espace semi-circulaire ménagé entre le linteau de la porte et l'archivolte, est décoré de sculptures représentant le Christ et les Évangélistes, ou quelque autre sujet religieux.

Au douzième siècle, l'architecture prend un caractère plus léger; l'arcade reçoit une forme élancée; le cintre est brisé au milieu de sa course et présente un angle à son sommet; c'est l'*architecture gothique*, ou plus justement *ogivale*, qui apparaît. L'ogive est d'abord timidement mariée au plein cintre, comme on le voit à Ouistreham, mais bientôt elle finit par l'emporter, et règne jusqu'à l'époque de la Renaissance. En même temps les piliers s'allongent et tantôt sont taillés de façon à ressembler à un faisceau de colonnes groupées, tantôt se composent d'un support principal auquel sont accolées des colonnes. Les arcades et les fenêtres présentent un aspect plus svelte ; la voûte elle-même, prenant aussi la forme ogivale, semble gagner encore en hauteur. L'édifice ainsi allégé se trouvant moins solide, on a soutenu les murailles par des contreforts et des arcs-boutants. La sculpture est également plus fine et plus déliée. Les artistes trouvent de gracieux motifs dans les végétaux indigènes, les fleurs des champs, les arbrisseaux les plus vulgaires.

Au quinzième siècle, les fenêtres prennent des dimensions énormes ; elles se subdivisent en quatre, huit ou même dix ogives plus petites, dont les sommets semblent se mêler et se contourner en entrelacs aux formes variées et capricieuses qui rappellent un peu l'idée d'une gerbe de flammes : ce qui a fait appeler ce style le *gothique flamboyant*. La façade de l'église de Dives présente des échantillons de ce genre recherché.

L'église de Ouistreham est classée parmi les monuments historiques de France. Elle est aujourd'hui en voie de restauration, sous l'habile direction de M. Ruprich-Robert.

M. de Caumont, dans la Statistique monumentale du Calvados, classe cette église parmi celles du style roman de transition : « On y voit, dit-il, un grand nombre d'ogives associées au plein cintre. » Malgré tout le respect qui est dû à l'opinion d'un archéologue aussi éminent, cette assertion a rencontré des contradicteurs. On peut remarquer, en effet, que l'église a été construite à deux époques très distinctes. La nef appartient franchement au douzième siècle, tandis que le chœur et le clocher ont été construits en plein treizième siècle. Il n'y a, dans le style de tout l'ensemble, rien qui annonce l'époque de transition. Le mélange de l'ogive et du plein cintre n'est pas une indication suffisante, car l'emploi du plein cintre en Normandie a persisté conjointement avec celui de l'ogive jusqu'à la fin du moyen âge. L'emploi simultané de ces diverses courbes n'a rien à faire d'ailleurs avec le style proprement dit. S'il y a un grand nombre de pleins cintres alliés à des ogives, c'est sans doute parce que l'architecte a tenu à perpétuer une forme jusque-là préférée, et à établir un lien plus harmonieux entre les parties récentes et les parties anciennes. Quant aux moulures et aux sculptures du chœur, elles n'ont rien de commun avec le caractère roman.

Le chœur et le clocher sont parfaitement bien construits et en bon état de conservation. La nef seule exigeait des réparations importantes. Elle est supportée au moyen d'un système alternatif de points d'appui circulaires et quadrangulaires fréquemment employé dans les édifices normands du

Église de Ouistreham.

douzième siècle. La voûte qui la recouvre a été reconstruite à plusieurs reprises.

La façade, très élevée, montre quatre ordres superposés. La tour quadrangulaire, qui attire les regards de fort loin, est terminée par une pyramide en ardoise à quatre pans. Elle sert de poste d'observation aux pilotes qui guettent l'arrivée des vaisseaux, dès qu'ils apparaissent au large. On y a installé un fanal. La voûte de l'abside a jadis été utilisée en temps de guerre; on a placé jusqu'à six pièces de canon dans cette espèce de fort.

Le patronage et les dîmes d'Ouistreham appartenaient à l'abbaye de Sainte-Trinité de Caen, par donation du duc Guillaume et de la reine Mathilde, sa femme.

Le petit bourg de Ouistreham ne présente aucune autre curiosité que son église. Peu de mouvement dans les rues; de temps à autre un pêcheur qui revient de la mer, un matelot anglais qui regagne son vaisseau. Pas de commerce non plus. A moins d'apporter soi-même ses provisions ou de commander son repas la veille, il n'est guère possible d'y déjeuner convenablement. Comme Dives, Ouistreham est une ancienne grande ville, d'où la vie s'est retirée. Éloignée de toute voie de communication rapide, elle n'est pas appelée à recouvrer son animation et sa prospérité primitives.

A peu de distance de Ouistreham, avant l'embouchure de l'Orne, se trouve la Fosse de Colleville, qui forme une baie naturelle très commode. C'est en cet endroit qu'en 1762 les Anglais tentèrent une descente sur notre littoral. Elle fut repoussée par le courage et la ruse d'un sergent garde-côte, nommé Michel Cabieu. Ce brave homme, accompagné d'un seul tambour qui ne tarda pas à l'abandonner, résolut de tenir tête à l'ennemi. Il avait pour auxiliaires l'obscurité de la nuit et l'épaisseur du brouillard. A la première approche des Anglais, il les apostrophe d'un qui-vive prononcé d'une voix énergique, et tire un coup de fusil comme l'aurait fait une sentinelle avancée. Puis répétant vivement la même manœuvre, il se porte sur d'autres points, afin de faire croire à la présence de postes nombreux. Arrivé à la tête d'un petit pont en bois, il prend le ton d'un officier donnant des ordres à un bataillon entier pour un feu de file. Les Anglais étonnés tombent ventre à terre. Le sergent s'empare alors du tambour abandonné par son compagnon fugitif, et se met à battre la marche, tout en imitant par le mouvement rapide de ses pieds le piétinement cadencé d'une troupe qui défilerait sur le pont. L'ennemi, entouré de profondes ténèbres, fut dupe de ce stratagème et crut prudent de se retirer, laissant sur la plage un soldat blessé. Cabieu le trouva le lendemain matin étendu sur le champ de bataille, mais, en vainqueur généreux, il emmena son prisonnier chez lui, et parvint par ses bons soins à le rendre à la vie. Cabieu reçut du roi une pension de 300 livres, avec une médaille commémorative de cet événement. Le pays fit plus : il le décora du nom de général, et ce titre fût déposé sur son tombeau. Cabieu mourut en 1804, au lieu même de ses exploits.

FLORE DU LITTORAL.

La flore de notre littoral est assez curieuse pour que nous lui consacrions une place spéciale dans notre guide. C'est aux amateurs de botanique, en particulier, que nous adressons cette courte mais substantielle notice, écrite par un de nos savants les plus compétents, M. Morière, doyen de la Faculté des sciences de Caen.

La plupart des plantes que nous allons citer ne se trouvent que dans nos régions. Pour faciliter les recherches du botaniste, nous indiquerons les parages où il aura quelque chance de les rencontrer, de Ouistreham à Villers.

Ouistreham

Alyssum campestre, L.
Cochlearia anglica, L., à l'embouchure de l'Orne et de la Dives.
Reseda phyteuma, L. (et aussi à Dives).
Sagina maritima, Don. (et aussi à Cabourg).
Aster tripolium, L. Parties vaseuses à l'embouchure de l'Orne et de la Dives.
Gnaphalium luteo-album, L. (et aussi à Merville).

Obione portulacoïdes, Moq. Tand. (et aussi à Dives).

Salicornia herbacea (Criste marine), L. Lieux marécageux; embouchure de l'Orne et de la Dives.

Suœda fruticosa, Forsk. Embouchure de l'Orne.

Hippophae rhamnoïdes (Argousier), (et aussi à Merville, Dives, Falaises des Vaches Noires).

Juncus Gerardi, Lois. Embouchure de l'Orne et à Sallenelles.

Lepturus filiformis, Trin. (et aussi à Sallenelles et à Dives).

Chamagrostis minima, Bork. (et aussi à Sallenelles).

Glanx maritima, L. (et aussi à Dives.)

Merville

Silene conica, L. (et aussi à Dives).

Astragalus Bayonensis, Lois. Dunes, le long du chemin de Sallenelles à Cabourg.

OEnanthe Lachenalii, Gmel. (et aussi à Cabourg e à Dives).

Helosciadium repens, Koch. (et aussi à Cabourg).

Centaurea aspera, L. Sables maritimes.

Pyrola rotundifolia, L. var. *arenaria*, Koch. Dunes.

Plantago arenaria, Waldst. Dunes.

Euphorbia Portlandica, L. Dunes (et aussi dunes de Cabourg).

Liparis Loeselii. Rich. Dunes.

Sallenelles

Tamarix anglica, Webb. (et aussi à Cabourg et à Dives).

Statice limonium, L. Vases de l'embouchure des rivières (et aussi à Dives).

Armeria pubescens, Linck. (et aussi à Dives et à Cabourg).

Kœleria albescens, D. C. (et aussi à Cabourg).

Cabourg

Nymphæa alba, L. (Nénuphar blanc). Fossés des herbages.

Nuphar lutea, Sm. (Nénuphar jaune), entre Varaville et Cabourg.

Melilotus leucantha, Koch. (Mélilot blanc).

Trifolium scabrum, L.

Trifolium maritimum, Hud. Rive droite de la Dives, du pont de Cabourg à l'embouchure.

Cynoglossum officinale, L. Vieux-Cabourg.

Orchis coriophora, L. Prairies entre Merville et Cabourg.

Ophrys apifera, Sm. (et aussi à Dives).

Orobanche Galii, Duby. Herbages de Cabourg et de Dives.

Orobanche cœrulea, Vill. Herbages de Cabourg et de Dives.

Dives

Turgenia latifolia, Hoffm. Dans les moissons.
Bupleurum aristatum, Bartl. Moissons du littoral entre Cabourg et Merville.
Menyanthes trifoliata, L. (Trèfle d'eau). Fossés entre Varaville et Dives.
Odontites Jaubertiana, Bor. Pâturages et chemins sablonneux.
Bromus maximus, Desf.

D'autres plantes sont plus généralement répandues et ne se cantonnent pas dans un endroit particulier.

Glaucium flavum, Cr. (Pavot cornu.) Sables du littoral.
Cakile maritima, Scop.
Eryngium maritimum, L. Dans les sables.
Gentiana amarella, L. Herbages du littoral.
Hyoscyamus niger, L. (Jusquiame, hanebane.) Lieux incultes, talus des fossés.
Euphorbia paralias, L. Sables maritimes.
Salix repens, L. Parties humides des dunes.
Psamma arenaria, Roem. Sables maritimes.
Festuca arenaria, Osb. Sables maritimes.
Agropyrum junceum, Pal. B. Sables maritimes.
Ophioglossum vulgatum, L. Dunes marécageuses.

Althæa officinalis (Guimauve). Bords des fossés et des herbages.

Veronica teucrium. L. Dunes entre l'Orne et la Dives.

Voilà notre tâche terminée. Nous avons voulu faire connaître dans ses moindres détails une très petite, mais très intéressante partie de ce beau pays de France, si favorisé de la nature, et où l'on peut, selon les saisons, alterner entre le tiède climat de la Méditerranée et les brises fortifiantes de la Manche et de l'Océan.

Tout ce que nous avons vu sur cette côte, la grâce de ses contours, la douceur de la mer, la végétation qui s'avance jusqu'au rivage, des vallées ombreuses entrecoupées de frais ruisseaux, des falaises avec de vastes horizons de terre et de mer, tout est fait pour charmer et pour attirer.

L'homme de science et de travail vient s'y reposer et y puiser de nouvelles forces pour reprendre le lendemain la lutte de la vie; l'artiste, y chercher de ravissants paysages; l'homme du monde fatigué par les veilles de la ville, y refaire sa santé; la femme affaiblie, y raviver sa fraîcheur et sa beauté; l'enfant, l'enfant surtout, dans ses jeux répétés sur le sable, s'y imprégner des toniques émanations de la mer, et s'y remettre de l'étiolement de la grande ville.

Aussi les baigneurs abondent-ils sur ces plages. La spéculation qui double, décuple même la richesse du sol, y étend tous les jours ses conquêtes. En moins de trente ans, les hameaux sont devenus des bourgs, et les bourgs se transformeront bientôt en grandes villes.

Ce qu'on est convenu d'appeler le tout Paris y apporte chaque été sa gaieté bruyante, ses modes, ses fêtes continuelles, et nous concevons bien l'agacement de certaines gens qui voient leur chère solitude troublée par cette invasion sans cesse croissante, et préfèrent à ces agitations mondaines la vraie grandeur, le calme et la majesté sauvage de l'océan.

A ces amis de la simple nature qui cherchent au bord de la mer la liberté de la rêverie, nous dirons encore : Venez sur nos plages, mais descendez vers le Homme, cette petite station naissante, faite pour recueillir le trop-plein de sa grande voisine. Vous y trouverez, jusqu'à la redoute de Merville, bien des terrains inoccupés, et vous aurez, moyennant une somme modique, un abri assez vaste pour vous isoler des bruits du dehors et vous assurer le silence et la tranquillité.

Voulez-vous quelque chose de plus retiré encore, pénétrez dans le bocage, montez sur les coteaux de Dives et plantez votre tente sur le sommet d'un de ces monticules ; vous aurez la mer devant vous, et tout autour la verdure la plus luxuriante, des fleurs qui ne craindront pas les brûlantes caresses de la brise de mer, et tous les agréments de la campagne.

S'agit-il de réparer les désordres produits dans votre constitution par un travail excessif ou des veilles prolongées et de demander la santé aux vivifiantes émanations de l'iode, allez de préférence sur un autre littoral, du côté où la Normandie confine à la Bretagne. Il y a dans ces parages, à quelques kilomètres de Granville, vers le sud, une pauvre petite station à peine éclose, Jullouville-Bouillon, puisqu'il faut l'appeler par son nom, dont l'originalité n'échappera pas à l'œil du touriste. Un beau lac de plus de cent hectares, alimenté par une petite rivière, s'y étend à deux pas d'une belle plage de sable, entre des coteaux pittoresques. Des rochers qui environnent Granville, des algues, des varechs, et de la puissante végétation marine qui couvre les îles Chausey et la pointe de Cancale, le vent apporte des effluves parfumés qui d'abord vous prennent à la gorge, raniment les forces, et vous donnent en peu de temps le tempérament nerveux et résistant des gens de la côte. A quelques lieues, derrière la falaise voisine, le Mont Saint-Michel dresse son inébranlable pyramide, merveille de l'Occident, disent les anciens chroniqueurs, plus que jamais visitée par les admirateurs de l'art dans son expression la plus sublime.

Ce petit coin de terre si riche en découvertes de toute sorte, où la vie est facile et peu coûteuse, restera-t-il longtemps ignoré? Qui peut prévoir les enchantements que nous réserve l'avenir, du jour où quelque ardent spéculateur viendra en aide aux pionniers qui ont déjà mis la main à l'œuvre?

Partout la mer est hospitalière, généreuse et bienfaisante, capable de suffire à tous les goûts, de contenter tous les désirs.

Le moyen âge en avait horreur, et la première génération de notre siècle elle-même se serait bien gardée d'abandonner l'antique manoir enveloppé de bois humides pour affronter le grand air du littoral. Mais un jour une révolution s'est faite dans la science; les goûts antiques ont reparu, et la mer est redevenue ce qu'elle était autrefois, la source la plus féconde de la vie et la médication la plus efficace qui puisse retremper notre vieille humanité.

Home at last!

CABOURG et ses environs par **J. SÉVRETTE**.
CARTE du littoral de **St AUBIN** à **TROUVILLE**, dessinée par A

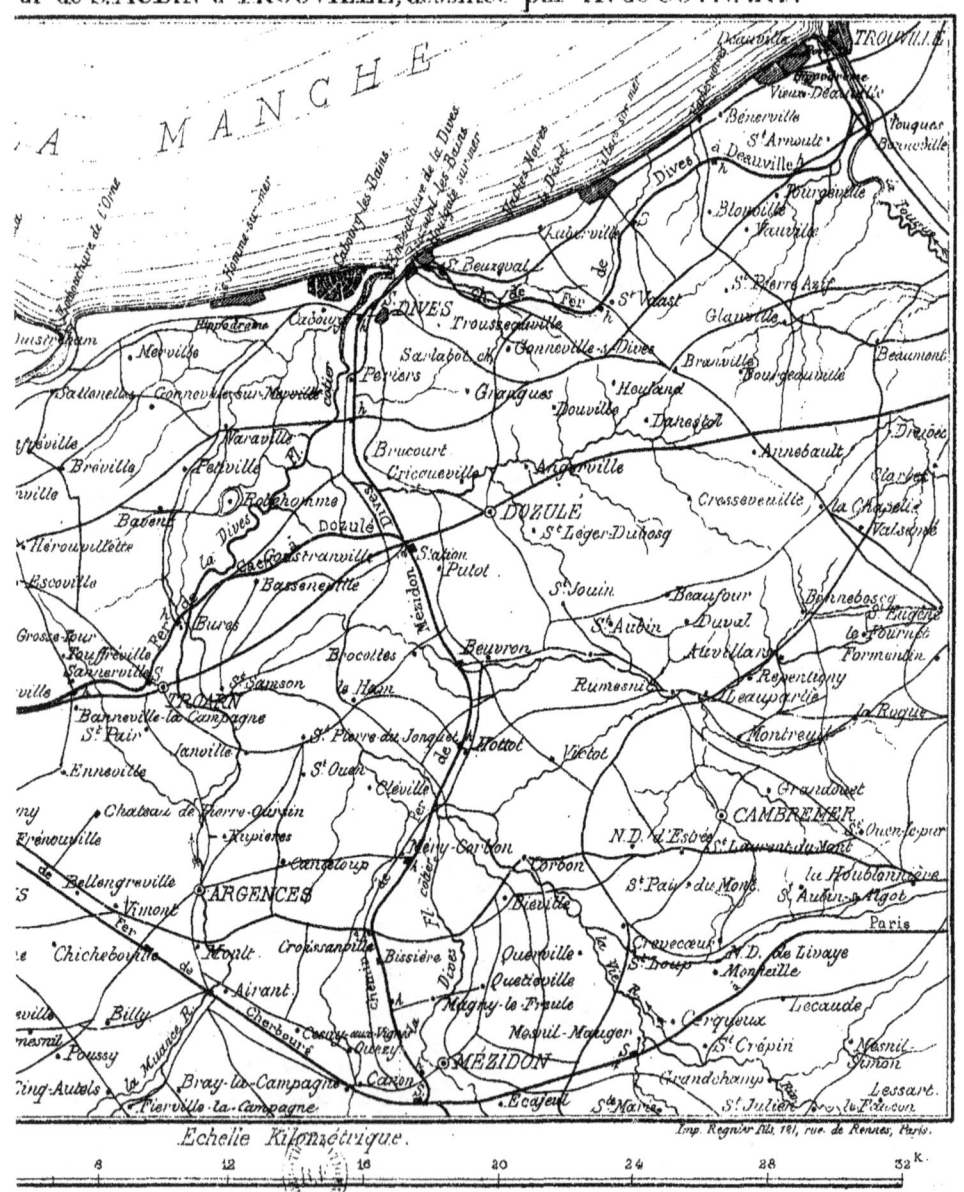

TABLE DES MATIÈRES.

Préface......

Le Calvados.. 1
   Le pays d'Auge... 7
   Le passé du pays d'Auge................................. 14
   Conquête de l'Angleterre par les Normands............. 20
   Étude philologique sur les noms de lieux du Calvados.. 24
   Normandie et Angleterre. — Ce que sont les Normands... 31
   Du patois normand.. 37

Cabourg... 43
   Itinéraires des promenades :
     1° Cabourg, sa plage, ses avenues et le Vieux-Cabourg... 64
     2° De Cabourg à Dives, à la ferme de Saint-Cloud, à Beuzeval-les-Bains, à Houlgate-sur-mer................. 69
     3° De Cabourg à Brucourt............................... 73
     4° De Cabourg à Varaville par le Bas-Cabourg......... 75
     5° De Cabourg au Homme, au Champ de Courses, Merville, Sallenelles, le pont de Benville, Ouistreham... 81
     6° De Cabourg à la ferme de Bassebourg.............. 85
     7° De Cabourg à Cricqueville........................... 88
     8° De Cabourg à Dozulé.................................. 90
     9° De Cabourg à Grangues............................... 92
   La pêche à Cabourg....................................... 94
     La pêche à la seine..................................... 9

TABLE DES MATIÈRES.

La pêche aux équilles	97
La pêche à la crevette	102
La pêche aux filets fixes	103
La pêche aux crabes	104
La pêche à la ligne	105

Les coquillages :

L'huître	107
La moule	107
Le sourdon, la clovisse	108
Les oursins, les étoiles de mer	109

Les oiseaux de mer :

Les goélands, les mouettes	113

DIVES... 115

BEUZEVAL-HOULGATE...................................... 142

Itinéraires de promenades :

1° De Houlgate à Cabourg par Beuzeval et Dives....... 150
2° De Houlgate à la colonne de Guillaume le Conquérant. 152
3° De Houlgate à l'église de Trousseauville, au château de Dramard et au château de Sarlabot............. 155
4° De Houlgate au manoir de Beuzeval................. 157
5° La vieille église de Beuzeval, la source Pagné, le Sémaphore.. 159
6° De Houlgate à Auberville, le Désert, le Chaos, Villers-sur-mer, les Vaches-Noires............................. 163
7° De Houlgate à Gonneville-sur-Dives................. 172
8° De Beuzeval à Douville............................... 175

VILLERS-SUR-MER.. 177

Itinéraires de promenades :

1° De Villers à Auberville................................ 186
2° De Villers à Trouville par Bénerville et Deauville..... 191
3° De Villers à Saint-Vaast.............................. 193
4° De Villers à Beaumont................................ 194

TABLE DES MATIÈRES.

5° De Villers à Vauville, Tourgéville, Saint-Arnoult, les ruines du château de Lassay............ 196

Le Homme.................................. 201

Ouistreham.................................. 205

Flore du littoral :
    Ouistreham............................. 213
    Merville............................... 214
    Sallenelles............................ 215
    Cabourg................................ 215
    Dives.................................. 216

FIN DE LA TABLE

CABOURG-SUR-MER

GRAND HOTEL DE LA PLAGE

Considérablement agrandi

SITUATION EXCEPTIONNELLE

VUE MAGNIFIQUE SUR LA MER

Casino, Théâtre, Bals

ÉTABLISSEMENT DE BAINS

PARENT, Propriétaire

6319 — Imp. A. Lahure, rue de Fleurus, 9, à Paris.

www.ingramcontent.com/pod-product-compliance
Lightning Source LLC
Chambersburg PA
CBHW071944160426
43198CB00011B/1535